I.너의 첫인상 이목구비로 보는 관상의 기초편

II. 너를 더 알고 싶어 조합으로 찾는 관상의 실전편

I

이목구비로 보는
관상의 기초편

사람을 처음 봤을 때 눈에 딱 들어오는 것,
그게 바로 그 사람의 대표 관상이지. 다른 말로
기질이라고도 해. 예를 들어 눈동자의 크기는
그 사람이 갖고 있는 자존감, 눈썹의 높이는
그 사람 안에 있는 공정함을 보여 주지.

너의
첫인상

세심한 큰 눈

사교적, 시선에 민감, 소심

다른 사람이 자신을 어떻게 볼지, 끊임없이 고민한다. 분위기를 잘 파악하고, 분위기에 묻어가는 것과 분위기를 끌고 가는 것에 모두 익숙하다. 즉, 겉으로 보기에는 사교적이지만, 늘 남에게 속마음을 들킬까 경계한다. 그 탓에 뜻밖에도 진실한 친구는 잘 사귀지 못한다.

소신 있는 작은 눈

지배적, 주관적, 영리함

소신이 뚜렷한 마이웨이 스타일이다. 다른 사람이 어떻게 보건, 스스로 내린 판단과 행동을 더 우선시한다. 대체로 머리가 좋아, 어느 무리에 있어도 무게감이 있다. 그러나 영악한 책략가나 암막의 실력자 같은 느낌이 있어 사람들의 믿음을 사기가 어렵다.

적극적인 올라간 눈초리

도전적, 자신감, 과감함

매사에 적극적이다. 조장을 정할 때, 반장을 뽑을 때, 심지어 여행을 가서 임시 대표를 정할 때도 꼭 손을 들고 지원하는 사람. 국가든 사회든 하다 못해 회사든 이런 사람이 없다면 변화가 일어나지 않는다. 단 지식과 판단력, 의무감, 도덕성이 받쳐 줘야 한다.

바깥쪽으로 향하는 눈초리.
그 눈초리의 방향을 봐요!

겸손한 내려간 눈초리

순응, 소심, 바른생활

나서서 대표가 되려 하는 일은 절대로 없고, 회의 때도 수업 때도 가급적 눈에 띄지 않게 묻어가려 한다. 무리에서 벗어나거나 핍박받는 걸 두려워하여 많은 경우 바른생활형이 된다. 정도의 차이는 있지만 사람들은 대부분 이쪽에 가깝다.

자기 확신이 강한 큰 코

자만, 독단, 고결

도덕심이 높고, 스스로 아니라 생각한 일은 절대 하려 들지 않는다. 일단 목표를 정하면, 어떤 희생을 치르더라도 그것을 이뤄 낸다. 다만, 자기 확신이 너무 강해서 남의 조언을 잘 듣지 않는다. 도덕과 정의를 추구하지만, 그 기준이 본인의 주관적 생각이기 때문에 항상 바른 판단만 내리진 않는다.

실리를 추구하는 작은 코

실리, 영리, 철새

이들에겐 늘 플랜A 말고도 플랜B, 플랜C가 있다. 남보다 더 멀리, 더 자세히 보고 판단한다. 선악을 크게 따지지 않는데, 이 점이 장점도 되고 단점도 된다. 계책과 음모에 모두 능하며, 기발한 발상도 부족하지 않다. 리더가 된다면 조직의 입장에서는 합리성으로 무장한 가장 이상적인 리더가 된다.

얼굴을 세로로 3등분!
가운데 구역에 꽉 차면 큰 코!

04 코의 높이

자신감 넘치는 높은 코

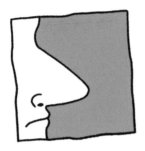

자신만만, 저돌적, 자기중심

필요할 때 앞장서 주는 든든한 사람, 혹은 근거 없는 자신감으로 나대는 건방진 사람. 남들이 자신을 대단하게 생각할 거라 여기며, 머릿속에 '나 아니면 안 돼'라는 생각이 항상 들어 있다. 다만 생각과 능력은 별개로, 능력이 따르지 않으면 주위 사람을 힘들게 만든다. 자신만만함으로 분위기를 이끌지만, 종종 거만해 보인다는 평도 듣는다.

시선을 의식하는 낮은 코

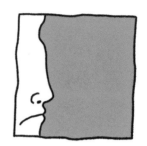

소극적, 수동적, 배려

어떤 위기에도 배신하지 않는 사람. 하지만 도통 속을 털어놓지 않아 믿을 수 없는 사람이란 평을 자주 받는다. 남의 시선을 강하게 의식하며, 그로 인해 심리적 스트레스를 많이 받는다. 그러나 눈치채지 못하게 타인을 배려해 주는 좋은 사람. 지략으로 유명한 장수 중에 이 부류가 많다.

코 높이가 길이의 2/3 이상이면 큰 코.

언제나 호탕한 큰 콧구멍

씀씀이가 큼, 과감함, 모험

판을 벌여도 크게 벌이고, 돈을 쓸 때도 크게 쓴다. 사업을 해도 대규모로 하고, 투자 방식도 과감하다. 덕분에 크게 성공하기도 하지만, 크게 실패할 때도 많다. 술값 밥값도 턱턱 내고, 어려운 친구를 도울 때도 통이 크다. 모험심이 강해, 도박에 빠지면 위험하다.

언제나 착실한 작은 콧구멍

씀씀이가 작음, 알뜰함, 착실

성공 여부와 무관하게, 일을 크게 진행하는 걸 꺼린다. 착실히 벌고, 알뜰하게 쓰고, 꾸준히 저축한다. 꼭 필요한 지출도 아까워하니 사업도 투자도 적성에 안 맞지만, 일단 시도하면 착실하게 성장한다. 크게 성공하는 일은 드물지만, 실패하는 일도 거의 없다.

콧구멍의 크기는
코를 기준으로 잡아.

06 콧방울의 크기

신중한 큰 콧방울

절제, 신중, 계획적

돈을 허투루 쓰지 않고, 경솔하게 일을 진행하지 않는다. 뭘 하든 신중하고, 설득에 적당히 넘어가 주는 법이 없다. 때로는 다 결정된 일도 처음부터 다시 생각하는 답답한 면도 보인다. 즉, 행동은 믿음직한데, 사람들에게 신뢰를 잘 주지 못한다.

콧구멍이 보이지 않으면 큰 콧방울! 잘 보이면 작은 콧방울

기분파인 작은 콧방울

무절제, 충동, 기분파

마음에만 들면 모든 일이 무사통과다. 돈에도 일에도 절제가 없다. 뭔가
이루는 것보다는 돈을 쓰거나 일을 진행하는 그 자체를 즐긴다. 감언이설
에 약하고 아부에도 쉽게 넘어간다. 그러나 내가 정말 어려울 때, 다들 외
면할 때조차 친구라는 이유로 손을 내밀어 주는 좋은 사람일지도 모른다.

07 입의 크기

너무 대범한 큰 입

배포가 큼, 긍정적, 덜렁이

어려운 일, 힘든 일도 넉넉하게 받아 내는 배포를 자랑한다. 이들에게는 고난조차 힘이 되며, 역경을 만나도 개척해 나가는 의지가 있다. 일 처리도 시원시원하다. 단점은 너무 큰 배포 탓에 세세한 일을 놓치고도 불안함을 느끼지 못한다. 주변의 불만조차 대범하게 넘겨 버리는 위험인물. 가급적 꼼꼼한 사람과 팀을 이뤄 보자.

너무 소심한 작은 입

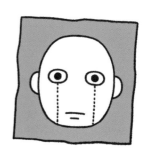

수동적, 비관적, 꼼꼼함

시작하기 전에 실패부터 걱정한다. 곤경에 처하면 행동 대신 입에서 불평이 먼저 나오는 소심한 사람. 늘 주변을 살피고, 남을 거스르는 일을 하지 못한다. 예의가 발라 깍듯하고, 명절과 경조사 등을 성실히 챙긴다. 특히, 가까운 이에게 미움 받는 걸 극도로 싫어해서, 이들이 시킨 일은 어떤 어려움이 있어도 성실히 이뤄 낸다.

정면을 보는 눈동자
가운데에 세로선!
그 선을 기준으로 입의
크기를 정해.

묵직한 감성의 두터운 입술

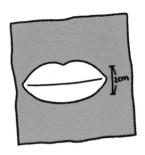

정이 많음, 이해심, 과묵

남의 말에 공감을 잘 해 준다. 대화를 즐기지 않지만 일단 말을 하면 설득력이 높다. 호의를 쉽게 사고, 쉽게 얻는다. 이성보다는 감성으로 대중을 휘어잡는 스타일. 단점이라면, 남의 말에 잘 속아 넘어간다. 다단계 판매에 주의하자. 정에 의존하는 만큼 지식과 상식에 약해서 그런 면이 답답함을 사기도 한다.

윗입술, 아랫입술 합쳐서
총 2cm가 평균이야.

여기에 얼굴 크기와의
균형까지 보면 끝!

날카로운 이성의 얇은 입술

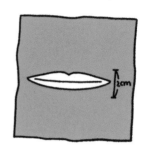

객관적, 합리적, 이성적

공감에 큰 비중을 두며 살지 않지만, 논리가 맞는다면 설사 적의 말이더라도 수긍한다. 말수가 적지 않지만, 그 대부분이 자신의 얘기가 아닌 사실과 논리의 전달에 가깝다. 심지어 연애할 때조차 그렇다. 감성이 아니라 이성으로 설득하는 스타일. 냉정하다, 새침하다는 소리도 자주 듣는다. 아는 게 많아 잘 속지 않지만, 남의 호의를 사기도 쉽지 않다.

지금 체온도 36.9℃로…

호감을 부르는 올라간 입술 끝

긍정적, 낙관적, 사교적

미미하게 휘어진 게 가장 귀한 상이며, 힘차게 뻗어 있으면 더욱 좋다. 정치인이나 사업가, 영업직 등 대인관계의 일을 하는 사람에게 가장 어울린다. 자주 웃는 사람들이 늘 그렇듯, 매사에 주는 인상이 긍정적이다. 다만, 지나치게 휘어져 올라가면 광대의 상으로, 오히려 좋지 않다. 부정적인 면이라면, 능숙한 사기꾼들이 보여 주는 모습도 대부분 웃는 상이다.

노력을 뜻하는 내려간 입술 끝

부정적, 비관적, 집요함

다른 이와 함께하는 일, 대인관계가 성공을 좌우하는 일과는 어울리지 않는다. 매사 부정적이고 실패를 두려워하며, 비난에 몸을 떤다. 그런 만큼 골방에 파고든다. 다만, 홀로 집요하게 무언가 해야 할 사람들에겐 이게 장점이 될 수 있다. 즉, 학자나 발명가 스타일. 지나치게 휘어져 내려가면 귀신의 상으로, 오히려 더 나쁘다.

입술 끝이 올라갔거나,
내려갔거나.

늘 경청하는 큰 귀

박학다식, 신중, 경청

사소한 말도 흘려듣지 않는다. 꼼꼼히 들으며, 신중하게 생각한다. 『삼국지』의 유비와 우리나라의 세종대왕이 대표적으로, 쉽게 말해 이상적인 리더다. 아는 것도 많은 사람이, 부하의 말도 놓치지 않고 잘 들어준다. 다만, 귀가 너무 크면 남의 말을 열심히 듣고 생각하느라 정작 중요한 결정을 제때 내리지 못한다.

얼굴을 세로로 삼등분했을 때,
가운데 구역에 꽉 차면
큰 귀라고 해!

주관이 뚜렷한 작은 귀

마니아, 주관적, 독창적

남의 말을 잘 듣지 않고, 들은 말도 제멋대로 해석한다. 리더십은 부족하지만, 예술가 중에는 이런 형이 많다. 달리 말하면 이런 형은 독창적이며 창의적이라 볼 수도 있기 때문이다. 물론, 머리가 좋거나 지식 자체가 많아야 한다. 스스로 그렇다고 생각하는 사람은 벽창호*가 되기 쉽다.

*우둔하고 고집이 센 사람.

한 우물을 파는 높은 귀

학자, 몰두, 집요

지식을 얻는 데 적극적이면서 집요하다. 지식이든 취미든, 한 분야를 놓고 끝없이 몰두한다. 결혼을 해 놓고 연구실에 틀어박히는 부류, 역사에 남을 대 발견을 해 놓고도 학계의 인정을 못 받는 부류가 이쪽에 속한다. 이런 유형은 관심 있는 일에만 몰두하기 때문에, 다른 일은 안중에도 없는 경우가 많다.

기준은 눈썹!
정면을 봤을 때, 귀가
눈썹보다 위에 있으면
높다고 표현해요.

뭐든 될 수 있는 낮은 귀

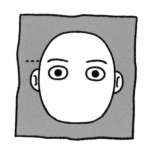

보통, 가능성, 사회적

높은 귀가 아닌 보통의 귀는 모두 낮은 귀로 본다. 이 유형은 천성적으로 몰두하고 집중하는 유형이 아니라서, 성공하려면 노력해야 한다. 정도의 차이는 있어도, 사람들은 대부분 이 유형에 속한다. 귀인의 상이라고 극찬하는 세종대왕도 귀만큼은 높지 않다.

그게 이거랑 같냐? 바람둥이 자식아!

12 귀의 기울기

쉽게 흔들리는 잘 보이는 귀

경청, 소극, 수동적

남의 말을 잘 들어준다. 들어도 너무 잘 들어준다. 하지만 들은 것을 자기의 지식으로 만드는 데는 서투르기 때문에, 주관 없이 남에게 휘둘리는 모양새가 되기 쉽다. 다만, 이런 부류 중에 악인은 극히 드물다. 남의 말을 왜곡해 듣는 일도 적다. 종교인 중에 이런 귀가 많은데, 주관이 없는 면을 종교가 확실히 잡아줘서 남의 말을 잘 들어준다는 장점만 남기 때문이다.

소리를 피해 숨겨진 귀

벽창호, 주관, 독창적

흔히 말하는 벽창호. 무슨 말을 해도 듣지 않는다. 말을 듣는 것 같아도 나중에 확인해 보면 들은 걸 엉뚱하게 해석하고 있다. 이런 부류는 자기가 잘못 해석한 것을 좀체 인정하지 않는다. 대신 주관이 뚜렷해 절대 흔들리지 않는 장점이 있다. 이들의 발상은 남에게 의존하지 않아 독창적이고 혁신적일 때가 많다. 예술가 혹은 장인에게 많이 나타나는 유형이다.

정면을 봤을 때, 귀가 어느 정도 보이는지를 알아보면 돼.

실제로는 이 둘 사이의 중간인 경우가 대부분이지.

13 눈썹의 길이

친구가 많은 긴 눈썹

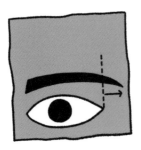

사회적, 세심, 우유부단

친구가 많다. 어려운 일이 생기면, 먼저 사람부터 모으려 한다. 회의할 때도, 자신의 의견을 내세우거나 편을 들기보다는 여러 사람의 의견을 모아 중재하려 애쓴다. 단점이라면 추진력이 부족하고, 남의 심기를 거스르길 꺼린다. 힘든 일이 있을 때 남에게 의존하는 바가 크다.

홀로 정의로운 짧은 눈썹

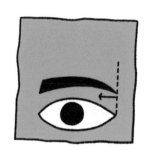

독불장군, 소신, 강단

남의 시선에 연연하지 않는다. 어려운 일이 생겨도 혼자 해결하려 하고, 불의를 보면 참지 못한다. 즉, 소신이 뚜렷하다. 친구, 친척, 가족이라도 불의를 저지르면 용서하지 않는다. 공사 구분이 분명한 강직한 사람. 나쁘게 말하면, 혼자 정의로운 줄 아는 독불장군이다.

길이의 기준은 바로, 그 아래에 있는 눈!

14 눈썹의 높이
편견이 없는 높은 눈썹

공정함, 객관적, 겸손

속이 깊다. 편견 없이 사람을 대한다. 의견 충돌이 생겨도 이런 사람은 어느 누구의 편을 잘 들지 않는다. 오히려 더 높고 먼 곳에서 객관적으로 상황을 평가한다. 이들은 자기 자신을 평가할 때조차 객관적이다. 다만 공정함이 지나쳐 정을 주기 어려운 성격으로, 그 탓에 사람들의 시기와 질투, 음모에 휘말리기 쉽다.

내 사람은 챙기는 낮은 눈썹

온정적, 주관적, 충성

시야가 좁고, '내 사람'을 가장 중요하게 여긴다. 모든 상황에서 자기 자신과 '내 사람'들의 이익을 우선으로 삼다 보니, 정작 본분을 망각하는 일도 잦다. 하지만, '내 사람', '내 조직'에는 사랑과 충성을 다하는 모습을 보여주기 때문에, 영역 안에만 들어가면 최고의 파트너가 되어 주기도 한다.

눈썹과 눈, 그 사이가 손가락보다 넓으면 눈썹이 높이 있는 것!

사근사근한 윤기가 도는 눈썹

인간적, 붙임성, 우수한 대인관계

사람을 대할 때 인간적이고, 붙임성이 있어 사근사근하다. 쉽게 말해 대인관계가 좋다. 인상도 좋고, 누구를 만나든 쉽게 친해진다. 영업직 직원이나, 은행원, 안내원 등 사람을 대하는 직업과 잘 맞는다. 눈썹의 굵기도 함께 보면 좋은데, 굵을수록 외골수*에 가깝고, 가늘수록 여유롭다.

*한 가지에만 매달리는 융통성 없는 사람.

까칠한 푸석푸석한 눈썹

사무적, 말재주 없음, 오해를 자주 삼

사람을 대할 때 사무적이며, 사교적인 말을 잘하지 못한다. 무뚝뚝한 사람으로 오해하기 쉽지만, 태도만 그렇다. 실제로 어떤지는 다른 부위를 봐야 한다. 애초에 눈썹의 윤기가 좌우하는 건 첫인상뿐, 첫인상과 실제가 다른 경우는 얼마든지 있다.

눈썹도 머리카락처럼
윤기가 돌 때, 푸석푸석할
때가 있지!

변덕이 넘치는 끊어진 눈썹

자기 위주, 기발함, 변덕

사람을 대하는 태도가 그때그때 달라진다. 어제는 친하게 굴다가도 오늘은 원수처럼 굴기도 하는데, 그 이유는 상대방보단 자기 자신의 기분에 있다. 예술가, 과학자, 발명가에게 적합한 관상으로, 의외로 직장에서도 자주 만난다. 요즘에는 기발하고 재밌는 사람으로 받아들여지는 경우도 있다.

잘 변하지 않는 이어진 눈썹

일관적, 교과서, 착실

사람을 대할 때 일관적이고, 대체로 사근사근하다. 다만 이런 사람의 눈 밖에 나면 되돌리기가 쉽지 않다. 사적으로 친해지면 더할 나위 없이 좋고, 공적 관계에서도 알아 두면 좋은 사람. 동업자로도, 룸메이트로도 좋다. 단점이 있다면, 노는 데는 그리 창의적이지 않다. 여행을 가도 가이드북이 권하는 코스만 착실하게 돈다. 편안하지만, 재미는 없는 사람.

승부사 기질의 올라간 눈썹

진취적, 자존심, 승부욕

진취적이며 자존심이 강하다는 인상을 준다. 지기 싫어하는 승부사 기질도 있다. 경쟁이 필요한 직업이 적성에 맞고, 특히 운동선수 중에 이런 눈썹이 많다. 다만, 현명함이 받쳐주지 않으면 무모해질 수 있다. 입술과 마찬가지로, 곧게 뻗은 눈썹은 굳센 의지와 남자다움의 상징이다.

배려심이 강한 내려간 눈썹

소극적, 배려, 꾸준함

소극적이며 배려심이 강하다. 나서는 것을 즐기지 않고, 남에게 싫은 소리 하는 것도 좋아하지 않는다. 모험은 하지 않지만, 꾸준하다. 무엇을 하든 실패하지 않는 스타일이지만, 고리타분하다는 단점도 있다. 전쟁에 비유하면, 파격을 좋아하지 않는 교과서적인 전략가다.

후후후, 주식으로 돈 버는 법? 난 알고 있지!

정말?! 나도 알려 줘!

잘 들어. 쌀 때 사서, 비싸질 때까지 기다려. 그럼 돼.

와. 정. 말. 유. 익. 하. 다.

눈썹의 끝이 시작점보다 위에 있어? 아니면 아래?

18 턱의 넓이

포용력이 있는 넓은 턱

강한 의지, 기품, 포용

어떤 사람이든, 어떤 일이든 받아들이고 포용한다. 은혜를 받으면 은혜로 갚고, 안 좋은 일은 여유롭게 넘긴다. 그리고 그게 가능할 만큼 의지가 강하다. 이런 이들은 성공하더라도 원한을 쉽게 사지 않는다. 흔히들 기품 있다고 하는 스타일. 교우관계도 좋아 평생 함께할 친구가 많은 편이다. 하지만 반대로, 악의를 가지고 접근하는 사람의 타깃이 될 수 있다.

여기서 관건은, 턱의 길이가 아닌, 넓이라는 거야.

기회를 놓치지 않는 좁은 턱

강한 욕망, 계산적, 집요

속이 좁아 조금의 손해도 보지 않으려 한다. 은혜를 갚기는커녕, 은혜받을 것을 기회로만 생각한다. 악당, 그것도 잔챙이 악당 같지만 사업과 같은 경쟁 세계에선 자주 보이는 모습이다. 기회를 절대 놓치지 않아서, 실제로 이런 성격이 자주 성공한다. 인간적으로는 큰 믿음을 주지 않지만, 계산이 확실해서 오히려 믿을 수 있는 사람.

배려가 있는 둥근 턱

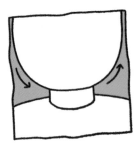

배려, 대범, 공평

보이는 그대로 원만하다. 배려의 폭이 넓어, 작은 시시비비에 연연하지 않는다. 손해를 본다고 화를 내는 일이 없고, 사람을 사심 없이 대하며, 늘 좋은 표정으로 맞이한다. 당장의 이익은 적더라도 마지막에 웃는 사람이 되며, 실제로 관상에서도 말년이 좋은 상으로 본다. 다만, 자칫 잘못하면 호구가 되기 쉽다.

아버지! 이건 고작 숫자일 뿐입니다! 세상엔 그보다 더 값진 게 많다고요!

그럼, 나도 네 성적만큼 때리마.

사랑의 매

어허! 아버지, 살려주시옵소서.

강직함을 보이는 각진 턱

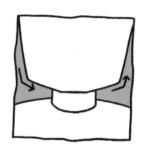

원칙, 소심, 권위적

보이는 대로 날카롭다. 마음에 들지 않는 걸 참지 못하고, 세상 모든 것의 시시비비를 가리려 든다. 얼핏 보면 정의로운 사람처럼 보이나, 그 정의의 기준이 자신의 이익인 경우가 많다. 다만, 경찰이나 검찰, 판검사처럼 공직에 있는 경우라면 이미 기준이 정해져 있기에 큰 문제가 되지 않는다. 최악의 경우, 정의를 빙자해 자기 이익만 챙기는 위선자가 된다.

여기서 모양은, 턱이 각졌는지, 둥근지를 보는 거야.

사교적인 넓은 이마

재치, 상상력, 사교적

사고의 폭이 넓고 상상력이 뛰어나다. 인간관계도 넓고 사교적이다. 사업가와 예술가에게 적합한 관상으로, 원칙에 구애받지 않는 아이디어와 분야를 가리지 않는 인맥이 이들의 무기다. 다만 아예 새로운 것을 창조하는 것과는 거리가 멀고, 재주가 넘치는 만큼 끈기도 부족해 싫증 역시 잘 낸다.

집중력이 뛰어난 좁은 이마

전문성, 추진력, 집중

넓지 않은 대신 깊은 사고가 이들의 무기다. 끈기가 있고, 추진력이 뛰어나다. 친분보다는 분명한 목적을 가지고 사람을 만나는 편으로, 기술자와 정치가에게 적합한 관상이다. 다만 집중력이 뛰어난 대신, 주변 사람과 현실을 보는 면이 다소 부족하다.

사람들은 말했지. 난 이 게임을 못할 기라고. 그 말, 내가 깨부숴 주지!

눈치 게임 1!

2!

...

3!

검지, 중지, 약지!
이 세 손가락의 폭으로
이마가 넓은지, 좁은지
알 수 있어.

솔직한 화형 얼굴 - 불

기분파, 순수함, 활동적, 예술가

기분파이며 표정을 숨기지 못한다. 즉 맑고 순수한 성격. 예술가 중에 많고, 활동적이라서 연예인 중에도 제법 자주 보인다. 얼굴도 체형도 대체로 날씬하며 피부는 투명하고 약간 붉은 기가 돈다. 쓴맛을 즐긴다.

지혜로운 목형 얼굴 - 나무

고고함, 지혜로움, 당당함, 학자

지식이 많고, 이를 잘 활용한다. 옛사람들이 말하는 이상적인 선비, 이상적인 관료의 특성을 보인다. 학자도 어울리지만, 예술가로도 대성한다. 얼굴이 갸름하며 몸매는 훤칠하다. 이목구비가 준수하며, 전반적으로 당당한 인상이다. 신맛을 즐긴다.

선조들은 불, 물, 나무, 흙, 쇠가 만물을 구성한다고 믿었어.

영리한 수형 얼굴 - 물

영리함, 재치, 소극적, 전략가

꾀를 잘 내고 아이디어가 넘친다. 이해력이 뛰어나다. 얼굴이 둥글고 후덕하며, 체격도 통통하다. 다만, 전반적인 인상이 추레하고, 걸을 때도 구부정하게 걷는다. 짠맛을 좋아한다.

정의로운 금형 얼굴 - 금속

강직함, 정의로움, 끈기, 군인

강직하고 굳건하며 정의롭다. 군인이나 경찰을 연상한다면 딱 맞다. 겉과 속이 같아 신의가 있다. 얼굴은 사각형으로 각졌고, 체격은 크든 작든 전반적으로 단단한 인상을 준다. 식성은 매운맛.

신중한 토형 얼굴 – 흙

신중함, 신의, 여유로움, 상인

한쪽 편을 드는 법이 없고 늘 중용을 지킨다. 말을 함부로 하지 않고 속마음도 잘 드러내지 않으며, 거짓말도 잘 하지 않는다. 신의와 신중으로 표현되는 이상적인 상인. 얼굴은 둥글고 푸짐하며, 목이 짧고 체격이 통통하다. 입과 코가 크고 두툼하며, 손발도 두툼하다. 목소리는 낮고 깊게 울리는 중후한 목소리. 단 것을 좋아한다.

네가 어떤 사람인지 알겠어.

II

조합으로 찾는
관상의 실전편

기질이 둘 이상 모이면 사람의 행동을 결정할 수 있어.
이를 다른 말로 성품이라고도 하지. 성품으로 사람을
평가할 수 있지만, 성품으로 사람을 이해할 수도 있어.
성품은 관상의 기본이면서 전부야.

너를 더
알고 싶어

01 눈의 크기와 코의 크기

목표를 이루기 위해, 어떻게 행동해야 할까? 위기를 만났을 때, 사람은 어떻게 행동할까? 눈의 크기와 코의 크기는 소명, 의무, 목표를 이루는 방향성을 보여 주는 중요한 지표다. 눈은 작을수록 자존감이 크고, 코는 클수록 추진력이 높다. 여기에 더해, 눈이 큰 사람은 공감을 잘하고, 행동할 때 감정이 앞선다. 반면 눈이 작은 사람은 냉정한 면이 있지만 그만큼 지혜롭나. 코의 크기는 추진력을 보여 주기도 하지만, 그 뒤에 가려진 독단성과 무모한 정도를 보여 주기도 한다.

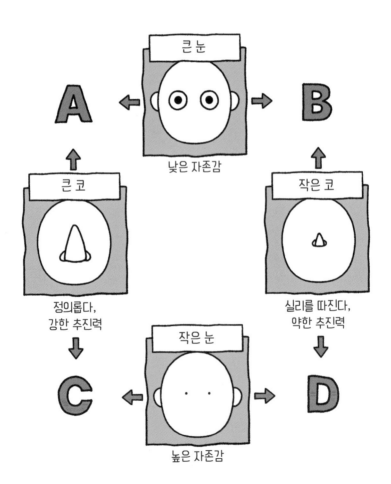

A 눈이 크고 코가 큰 사람 흔들리는 마음을 품고 달려간다

신념도 높고 추진력도 높지만, 자존감이 부족하다. 행동은 자신만만한데, 그 이면에는 이게 맞을까 하는 불안감이 있다. 즉, 스스로 성공을 확신하지 못한다. 그래서 항상 마음속에 불안이 있으며, 그 불안이 실제로 일어나게 되면, 정신적으로 쉽게 무너지는 모습을 보인다.

B 눈이 크고 코가 작은 사람 갈림길 너머의 갈림길도 발견한다

자존감이 낮고 추진력도 낮지만 그만큼 신중하다. 문제에 달려들기 전에 분석부터 먼저 하는 유형이다. 한 발 떨어져서 상황을 판단하고, 여러 개의 선택을 제시하는 참모. 직접 목적을 정하지는 않고, 선택 역시 최종 결정권자에게 맡기는 편이다.

ⓒ 눈이 작고 코가 큰 사람 스스로 정한 결정에 거침이 없다

강력한 추진력과 강한 자존감. 지혜 역시 떨어지지 않는다. 신념에 따라 행동하는 데 거침이 없고, 그 신념이 옳다고 생각하기 때문에 흔들리는 법도 없다. 하지만 그 행동이 진정 옳은지는 생각해 볼 문제다. 자칫 혼자만의 생각을 억지로 강요하고 실행하는 독재자가 될 수 있다.

ⓓ 눈이 작고 코가 작은 사람 목적지만 정해지면 가장 빠르다

자존감이 높고 지혜롭고 이성적이다. 어떤 상황에 부닥치든 최선을 선택하며, 그 선택에 의문을 가지지 않아 실패할 일이 거의 없다. 그러나 사람을 휘어잡는 카리스마가 넷 중 가장 부족하다. 즉, 재상으로는 성공하지만, 왕 노릇은 하기 어렵다.

더글러스 맥아더
Douglas MacArthur , 1880-1964

**자기 확신과 자존심이
발목을 잡은 불세출의 지휘관**

자존감 × 추진력·확신
작은 눈·큰 코

그는 유능했다. 세간의 평가가 그렇고, 실제로도 그랬다. 역대 3위의 성적으로 사관학교를 졸업했고, 뛰어난 리더십, 전략, 그리고 솔선수범하는 용맹함으로 제1차 세계대전에서 무려 열다섯 개의 훈장을 획득했다. 그는 두려움을 모르는 맹장이었다. 젊은 지휘관 시절에는 철모도 방독면도 없이 앞장서서 돌격을 하기도 했다. 전후에는 사관학교의 교장으로서 파격적인 개혁과 행정 능력을 과시하기도 했다. 그리고 미군 사상 최연소로 육군 대장 자리에 올랐다. 제2차 세계대전에서도, 논란의 여지가 없진 않지만 그는 태평양 일대 미군의 총지휘관이자 승리의 주역이었다. 6·25가 발발하자, 미국 합동참모본부는 만장일치로 그에게 유엔군사령관 자리를 맡겼다.

맥아더는 자존심이 대단했다. 그래서 자신의 의견만 고집하다 실패하는 일도 잦았다. 다른 한편 맥아더는 신앙과 반공주의를 자신의 정의라 생각하는 인물이었다. 퇴역 군인들이 상여금 지급을 요구하며 시위하자, 맥아더는 이들 대부분을 공산주의자라 확신하며 총기를 사용한 무자비한 진압을 했다. 그러나 실제 이들 중 공산주의자는 별로 없었다. 그는 탁월한 지휘관이었고, 우수한 군인이었다. 그러나 지나친 자존심과 자기 확신은 늘 그의 앞길을 가로막는 장애물이었다.

02 눈의 크기와 입의 크기

눈의 크기는 자존감, 즉 타인과 자신의 비중을 드러낸다. 눈이 크면 타인의 비중이 커서 자신을 타인에 맞추려 하고, 그 반대의 경우에는 타인을 자신이 이용하려 든다. 입의 크기는 받아들인 것을 수용하는 배포다. 입이 큰 이는 배포가 크다. 힘든 일을 당해도 큰 소리를 내지 않는다. 반면 배포가 작은 이는 작은 변화도 잘 알아채는 섬세한 사람이다. 이 둘을 힙하여 보여 수는 것을, 우리는 흔히 사회성이라고 부른다.

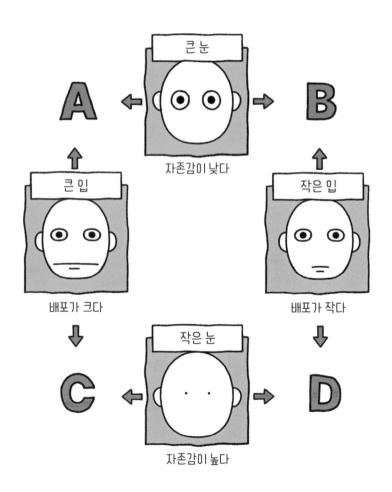

Ⓐ 눈이 크고 입도 큰 사람 부담스러울 정도로 사교적

지나치게 사교적. 새로운 사람과는 무조건 친해지려 한다. 모든 모임, 모든 대화에 참여하고 싶어 하며, 대화할 때도 비위를 맞추는 말만 골라서 한다. 다툼을 싫어해서, 모임 내 분쟁을 구미하거 애쓰는 이도 이쪽이다. 좋은 사람이지만, 다소 가식적으로 보일 때도 있다. 극단적인 경우에는 무리에서 겉돌게된다.

Ⓑ 눈이 크고 입이 작은 사람 너무나 깊은 뿌리

자존감이 낮고 배포도 작다. 무리에 소속되는 데 안정감을 느끼며, 특별한 일이 아닌 이상 무리의 결정에 반대하는 법이 없다. 모두를 성실하게 대하고, 늘제 몫을 하는 사람. 무리 안에서 무시당하기 쉽지만, 이런 이들은 한번 돌아서면 평생의 적이 되니 주의해야 한다. 더구나 이들은 홀로 돌아서는 법이 없다.

© 눈이 작고 입이 큰 사람 목표 앞에선 모든 것이 사소하다

자존감이 높고 배포도 크다. 온갖 역경을 이겨 내고 조직의 힘을 끌어내 승리로 이끄는 타고난 리더다. 반면 상식과 도덕을 벗어난 편법을 고려하지 않는 것이 이 유형의 약점이다. 그는 정석으로 모든 걸 해결할 수 있다고 믿는다. 배신, 중상모략을 알아채더라도, 대처하겠다는 생각 자체를 떠올리지 못한다.

Ⓓ 눈이 작고 입도 작은 사람 울타리 밖은 모두 적

무리에 잘 속하지 않지만, 일단 속하게 되면 리더가 되는 경우도 많다. 영리하면서 이성적인데, 무리와 자신을 동일시하는 경향이 있다. 무리의 역량을 극대화하는 우수한 리더다. 다만 배포가 작아 새로운 사람을 경계하고, 무리 밖의 사람에게는 잔인하다 싶을 만큼 가차 없다. 극단적일 경우에는 독재자가 된다.

도널드 트럼프
Donald Trump, 1946-

사교적 × 큰 배포
큰 눈·큰 입

사진을 보면 헷갈릴 수 있지만, 이 책의 관상에서 트럼프의 눈은 큰 축에 들어간다. 눈의 크기는 가로 길이를 기준으로 판단하기 때문이다. 그런가 하면, 미국의 제45대 대통령과 트럼프라는 부동산 기업 때문에 헷갈릴 수 있지만, 도널드 트럼프의 주 직업(?)은 셀럽이었다. 도발적인 튀는 행동으로 화제를 끌고, 이를 통해 이익을 얻거나 상품을 파는 게 그가 주로 하던 일이었다.

사실 트럼프의 성격이 관상과 일치하는지에 대해서도 다소 헷갈리는 면이 많다. 사교적이기는 하지만, 그가 딱히 남의 비위를 맞추는 것 같지는 않다. 다만 종종 무리에서 겉돈다는 건 맞는 거 같다. 트럼프 시절 백악관을 보면 말이다. 이력에 따르면, 그는 어린 시절 소문난 악동이었다고 한다. 이를 참다못한 부친이 기숙학교, 그것도 군사학교로 보내 버렸는데, 뜻밖에도 그는 이 생활을 마음에 들어 했다. 나중에는 학교 최고의 인기남으로 선출되기까지 했다. 화려한 것, 여러 사람의 시선을 받는 것. 그는 이런 것을 좋아했다. 고향을 떠나 맨해튼에서 사업을 시작한 것도 그 때문이었다. 그는 어딜 가나 관심을 끄는 전략을 선택했고, 상품도 서비스도 아닌 트럼프라는 이름 자체를 브랜드로 탈바꿈시켰다. 그리고 미국의 대통령이라는 자리에까지 올랐다.

03 눈의 크기와 눈썹의 높이

눈썹이 높은 사람은 타인과 자신 모두 공정하게 평가한다. 낮으면 낮을수록 점점 더 '내 사람'만을 각별히 챙기는 구석이 있다. 그리고 눈이 큰 사람은 타인을 자신보다 위에 놓는다. 반면 눈이 작은 사람에게 타인은 이용해야 할 효과적인 도구다. 즉 눈썹의 높이는 타인과 자신과의 거리를, 눈의 크기는 타인과 자신과이 관계를 보여 준다. 재미있게도, 이 두 부분은 정치인의 얼굴을 보면 굉장히 잘 들어맞는다. 코의 크기와 높낮이를 볼 때와도 비슷한데, 추진력과 자신감을 보여 주는 이 두 부위 역시 리더십과 큰 연관이 있기 때문이다.

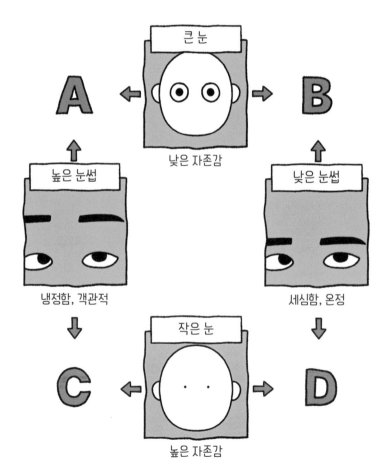

🅐 눈이 크고 눈썹이 높은 사람 고뇌를 부르는 이타심

놀라울 정도로 객관적이다. 이들은 파벌도 가문도 심지어 자신의 이득도 따지지 않는다. 다만 공익에 따라, 합리적인 결정을 내릴 뿐이다. 그러나 공감능력이 높고 이타석이기노 해시, 이들은 매우 자주 고뇌에 시달린다. 이들은 누구의 편도 들지 않기에 오히려 쉽게 배반당하거나, 배신자라는 오명을 쓰기 쉽다.

🅑 눈이 크고 눈썹이 낮은 사람 바람에 뽑히지 않는 풀과 같이

이들은 이리저리 흔들리는 갈대다. 소신보다는 파벌에 끌려다녀서, 뭐든 결정하는 자리에 있으면 좋지 않다. 그러나 갈대가 강을 떠나지 않듯, 이들은 결코 파벌을 배신하지 않는다. 뿌리는 굳건하나 줄기는 유연하여, 대립을 중재하는 자리에서 의외로 활약한다. 충신 혹은 총신이 되지만 간신이 되기도 쉽다.

C 눈이 작고 눈썹이 높은 사람 사람들 사이에 섬이 있다

이들은 타인과 자신 사이에 거리를 둔다. 그러면서도 타인과 자신 모두에 대한 평가가 공정하다. 대체로 머리도 좋아서 일단 남의 위에 서면 큰일을 할 수 있는 상인데, 자력으로는 결코 그 정도 자리에 올라서지 못한다. 파벌을 만들지도 않고, 파벌에 속하는 것도 꺼리기 때문이다.

D 눈이 작고 눈썹이 낮은 사람 내 것은 내 것, 네 것도 내 것

자존감이 높지만, 파벌을 자신만큼이나 중요시한다. 자기 사람을 극진하게 챙기지만, 그렇지 않은 이에게는 가차 없다. 그러나 머리도 좋고 시류도 잘 읽으며 개인의 능력도 뛰어나다. 남의 밑에서 일할 경우 통솔하기에 따라 유능한 부하가 되지만, 무리의 장이 되면 독재자가 되기 쉽다.

이오시프 스탈린
Joseph Stalin, 1878-1953

지나치게 유능하고 지나치게 세심했던
공산 국가의 독재자

영리함 × 세심
작은 눈·낮은 눈썹

그는 검소한 사람이었고, 공적인 장소에서는 극도로 예의 바른 사람이었다. 평생 그 흔한 스캔들 하나 없었고, 식사는 소식이었으며, 입는 옷도 두세 벌 정도에 불과했다. 죽었을 때 남긴 유산도 고작 우리 돈 몇백만 원 수준인 구십 루블이었다. 한편으로 그는 유능한 사람이었다. 그는 기억력이 비범했고, 중요한 순간에 보인 판단력 역시 뛰어났다. 집권 초기 공업화를 주력으로 삼아 강력한 경제개발 정책을 시행했으며, 이를 기반으로 제2차 세계대전을 끝내는 데 결정적인 역할을 했다. 정치를 하기 전에는 직접 쓴 시가 교과서에 실릴 정도로 유명한 문인이었다.

그러나 그는 늘 사람들이 자신을 어떻게 볼지 걱정하는 사람이었다. 회의 때에는 종종 자리를 비우고 누군가 자신의 흉을 보는지 밖에서 몰래 엿듣곤 했다. 결국 사람을 믿지 못해 대숙청을 일으켰다. 누구라도 자기 말에 반대하면 그는 곧 적이었다. 어느새 그의 주변에는 아첨하는 사람만 남아 버렸다. 그는 영리했으며, 주변 사람을 살필 줄 아는 사람이었다. 여느 자리였다면 그는 능력 있고 인성 좋은 친구로 남았을 것이다. 하지만 하필 올라간 자리가 국가의 NO.1이었다. 그는 너무 많은 권력을 받았고, 도리어 그 권력에 삼켜져 버렸다.

04 눈의 크기와 눈썹의 모양

얼굴 관상에서 눈썹이나 눈초리, 입 모양처럼 끄트머리가 올라가고 내려간 부위는 해석하는 방식도 대체로 비슷하다. 대체로 타인이 보는 인상들인데, 실제로 그렇다기보다는 남에게 그런 사람으로 보인다는 쪽에 더 가깝다. 반면 눈의 크기는 오히려 내면을 보여 주는 쪽에 가까운데, 이 둘을 모아 종합하면 각기 극명하게 다른 행동양식이 나타난다. 포인트는 겉과 속이 다른 경우가 많으니 주의해야 한다는 것.

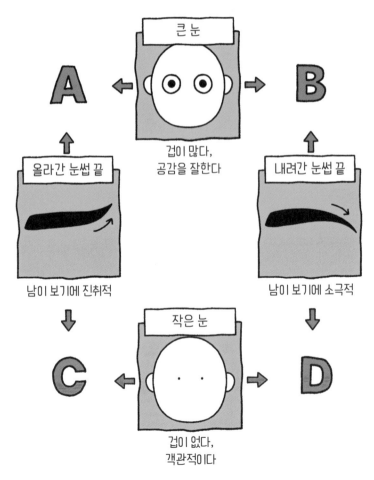

A 눈이 크고 눈썹 끝이 올라간 사람 모두의 응원이 나의 힘

적극적이고 사교적인 사람처럼 보이지만, 이는 내면의 불안감이 반영된 결과다. 조직의 일에 앞장서서 나설 때가 많지만, 이 역시 분위기를 읽은 결과다. 주지 밖으로 밀려나는 걸 두려워해 조직의 결정에 반대하는 법이 없다. 만약 신뢰받아 불안감이 사라지면, 과감함과 신중함이 조화를 이뤄 놀라운 성과를 낸다.

B 눈이 크고 눈썹 끝이 내려간 사람 한 번 믿으면 끝까지 간다

모임이든 회의든 모여서 하는 일에 빠지는 법이 결코 없지만, 의견을 낼 때도 눈치를 보며 조심스럽다. 소극적으로 보이고, 실제로 소심하기도 해서 스스로 큰 무리에 들어가기가 무척 힘들다. 대체로 누군가에게 끌어당겨져서 소속된다. 하지만 맡은 일은 꼭 해내며, 어떤 일이 있어도 배신하지 않는다.

Ⓒ 눈이 작고 눈썹 끝이 올라간 사람 치밀한 전략이 승리의 비결

조직은 나의 발판일 뿐. 얼핏 보면 적극적이고 사교적인 사람처럼 보이지만, 이는 계산의 결과다. 인간관계를 적극적으로 이용해서 자신의 세를 불려나가는 데 익숙하다. 직접 행동하는 일이 없고, 다른 이가 행동하도록 분위기를 조성한다. 마치 악당처럼 보이지만, 사실은 조직과 인사 관리의 귀재다.

Ⓓ 눈이 작고 눈썹 끝이 내려간 사람 성공할 수 있는 팀을 만든다

모임이나 회의에 빠지지 않고 출석하고, 꼭 필요할 때는 의견도 낸다. 사교적인 유형은 아니지만, 처음 무리에 들어가는 걸 힘들어할 뿐, 이미 들어가 있는 무리 안에선 굉장한 시너지를 낸다. 잘 보면 구성원 모두의 특성을 전부 파악하고 있다. 신중하고 용의주도한 참모 겸 지도자다.

손원일
1909-1980

공감 × 소극적
큰 눈 · 내려간 눈썹 끝

눈이 큰 사람은 사교적이나 내심 겁이 많고, 눈썹 끝이 내려간 사람은 소심해 보이지만 알고 보면 강단이 있는 경우가 많은데, 손원일의 경우가 딱 이랬다. 한편 이런 유형은 자의로 어딘가에 소속되기 어려워 군인들 가운데 자주 볼 수 있는데 이 또한 딱 들어맞는다. 또, 이런 유형은 조직에 소속되면 충의를 다하는 인물이다. 이 역시 두말할 필요 없는 사실일 것이다.

그는 1909년 평안남도에서 태어나 중국에서 학업을 마쳤다. 이후 독일 유학을 거쳐 독일 소재의 회사에서 항해사로 근무했다. 그 틈틈이 부친의 영향을 받아 독립운동에 관여한다. 그리고 일제에 의해 투옥되었다. 그 뒤에는 상업에 종사하며 독립운동의 자금을 댔다. 그리고 광복을 맞이했다.

1945년 11월 11일, 그는 윤치창 등과 함께 해방병단을 창설한다. 해방병단은 이후 조선해안경비대로 이름을 바꾸는데 이것이 대한민국 해군의 전신이다.

그는 군을 위해 헌신한 사람이었다. 해안경비대 창설에는 그가 장사로 모은 돈이 적지 않게 들어갔다. 그렇게 창설된 해군은 6.25를 맞아 제 몫을 톡톡히 해냈다. 인천상륙작전 당시, 그는 지휘소를 떠나 소총을 들고 직접 사병과 함께 돌격했다고 한다. 묵묵히 솔선하는 군인의 모범이었다.

05 눈초리와 눈썹의 모양

이 두 부위에는 공통점이 있다. 둘 다 기울기를 본다는 점과, 실제 그 사람의 기질보다는 다른 사람이 그 사람을 어떻게 보는지를 더 잘 알려준다는 점이다. 물론 사람은 살아가며 남들이 봐주는 대로 차츰 변하는 법이라 실제 기질도 대체로는 일치한다. 하지만 진짜 기질을 숨기고 남 앞에서 그렇게 행동만 하는 경우도 적지 않다. 관상을 보는 데 익숙하지 않다면, 행동의 큰 흐름만을 참고하고, 나머지는 애써 분석하려 하지 않는 게 더 나을 수도 있다.

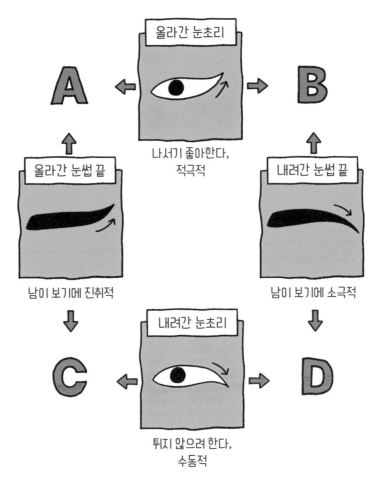

 A 눈초리와 눈썹 끝 모두 올라간 사람 눈 떠보니 모임 대표

뭘 하든 대표하는 자리에 선다. 의병이라면 의병장, 반에서는 반장, 패키지여행을 가면 조장. 본인도 그걸 당연하게 여기고, 주변에서도 그렇게 받아들인다. 번예인이나 정시인도 적성에 맞다. 이런 유형은 눈에 잘 띄기 때문에 시기, 질투의 대상이 되기 쉽고, 구설에도 쉽게 휘말린다.

B 올라간 눈초리, 눈썹 끝이 내려간 사람 어딜 가든 최선을 다한다

평소 조용하지만, 나설 때는 나선다. 그때마다 자리에 걸맞은 행동과 능력을 보여 준다. 남 앞에서 소극적으로 보이는 것에 익숙하기 때문에 처음 자리에 올라가면 어색해할 때가 많다. 이걸 좋게 표현하면 겸손하다 볼 수 있고, 나쁘게 표현하면 어리숙하다 볼 수 있다.

Ⓒ 내려간 눈초리, 눈썹 끝이 올라간 사람 불안이야말로 나의 힘

남의 위에 올라서는 법은 없지만, 의견을 말할 때는 적극적이다. 그러나 행동과 달리 내면에는 늘 불안감이 잠재되어 있다. 이 성향이 긍정적으로 작용할 때는, 남의 의견을 무시하지 않고 자기 의견도 계속 보완해 내는 훌륭한 회의 참여자다. 반대의 경우에는 모두를 의심하고, 논리로 찍어 누르려 한다.

Ⓓ 눈초리와 눈썹 끝 모두 내려간 사람 생각이 아니라, 말이 없을 뿐

남의 위에 올라서는 것도, 자신을 드러내는 것도 좋아하지 않는다. 회의 때도 별말이 없고, 대놓고 찬반을 표시하는 일도 꺼린다. 하지만 이건 겉으로 보이는 태도일 뿐 이들에게 생각이 없는 건 아니다. 분위기만 맞는다면 얼마든지 좋은 의견도 내고 자기주장도 할 수 있다.

토머스 에디슨
Thomas Edison, 1847-1931

**혁신가와 독재자의 두 얼굴을 가진
세기의 대 발명왕**

소심함 × 진취적
내려간 눈초리 · 올라간 눈썹

적극적이며 긍정적인 행동 뒤에 숨어 있는 불안감. 에디슨을 설명하기에 이보다 더 적합한 말은 없을 것이다. 애써 서술하지 않아도 에디슨은 지나치게 유명한 사람이다. 노력을 강조하는 긍정적인 어록, 사업과 발명을 병행한 뛰어난 현실 감각, 그리고 발명 연구소 소장으로서의 리더십과 성과 등은 지금도 전 세계 발명가들의 교과서와 같다. 그러나 그의 빼어난 성공 뒤에는, 긍정과 부정이 뒤섞인 그의 성격이 숨어 있다는 점 역시 누구도 부정하지 못할 것이다.

에디슨은 자신이 만든 발명 연구소의 소장이었다. 에디슨의 발명 방식에는 '무수한 시행착오'와 이에 따른 수정이 필수적이었다. 여기서 에디슨의 탁월한 리더십이 발휘됐다. 그는 사업의 방향성은 제시했지만, 연구원의 작은 의견도 빼놓지 않고 고려했다. 기여한 연구원에게는 잊지 않고 보상도 했다. 그러나 다른 한편으로 그는 의심만 하는 고집불통의 화신이었다. 때때로 그는 누군가가 자기 아이디어를 베꼈다고 주장했고, 연구원들을 발명의 방해물이라 여기기도 했다. 일단 의심하기 시작하면, 그는 누구의 의견도 받아들이려 하지 않았다. 연구소의 연구원들에게, 그는 존경과 공포를 동시에 받는 애증의 대상이었다.

06 코의 크기와 코의 높이

코가 큰 사람은 스스로 목표를 정하려는 성향이 강하고, 코가 작은 사람은 그 반대다. 그리고 코가 높은 사람은 자기 생각에 확신이 강하며, 낮은 사람은 그 반대다. 예를 들어 코가 크고 높은 사람은 거침없이 자라는 대나무와 같다. 자기 확신이 강해 남의 말을 잘 듣지 않는다. 반면 코가 작고 낮은 사람은 잘 흔들리는 갈대와 비슷하다. 논리와 이득이 확실하다면, 남의 의견도 무리 없이 받아들인다. 남의 위에서 결정을 내리는 직책에 있을 때, 이러한 차이는 더욱 두드러진다.

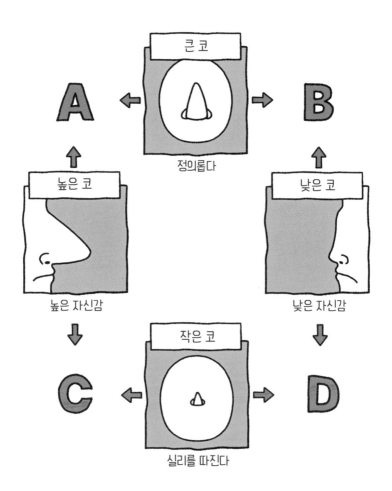

큰 코

A

B

정의롭다

높은 코

낮은 코

높은 자신감

낮은 자신감

작은 코

C

D

실리를 따진다

A 코가 크고 높은 사람 나 홀로 정의로운

목표를 세우고, 이를 추진하는 데 거침이 없다. 절대 꺾이지 않고, 몸을 사리지 않아 자연스레 무리의 앞에 선다. 정치인, 공직자 중에도 많지만, 이들의 성향은 시민운동가나 투사에 더 가깝다. 다만 선악의 기준이 늘 자기 자신이며, 자존심 또한 높아 지나치면 독선에 빠지기 쉽다.

B 코가 크지만 낮은 사람 소심하지만, 헌신적인

스스로 목표를 세우지는 않지만 대신 독단적인 면이 적고, 타인의 의견과 불만을 놓치지 않고 고민한다. 그리고 온몸을 바쳐 목표를 이뤄 내려 한다. 다만, 합리와 중용을 중시하기에 파벌을 이룬 이들에게는 변절했다며 공격받기 쉽고, 뭔가를 결정할 때 종종 우유부단하다.

ⓒ 코가 작지만 높은 사람 흔들리지 않는 공리주의

이들에게는 굳건한 자기 확신이 있다. 앞장서서 행동하는 일은 좀체 없지만, 필요하다면 이들은 기꺼이 맨 앞에 선다. 어떤 난관에서도 최선의 결과를 찾고, 목적을 위해서라면 희생도 개의치 않는 공리주의의 신봉자다. 그러나 수단과 방법을 가리지 않아 종종 도덕적인 비난이 따른다.

ⓓ 코가 작고 낮은 사람 주어진 일은 반드시

스스로 목표를 정하지 않고, 앞에 나서서 자신의 의견도 강요하지 않는다. 그리고 주변의 평가에 예민하다. 이들은 직접 목표를 정하기보다 주어진 목표를 따르는 데 더 익숙하기에 참모나 보좌관이 더 어울린다. 그래서 지도자에 따라 이들의 선악도 결정된다.

여운형
1886-1947

누구와도 격의 없이 어울렸던
대한민국의 독립운동가

정의로움 × 타협
크지만 낮은 코

그는 말을 잘하는 사람이었고, 동시에 말을 잘 들어주는 사람이었다. 생각이 다르더라도 일단 대화를 해 보고 설득을 시도하는 사람이었다. 수시로 사람을 모아 독립의 필요성을 역설했고, 동시에 일본의 극우 지식인, 고위급 관료를 만나 설득을 시도하기도 했다. 좌우익의 대립이 극심해졌던 해방 정국에서는 진영 상관없이 만나가며 갈라지려는 나라를 통합하려 애썼다. 그는 언제나 타인의 입장에서 자신의 의견을 내세웠다. 그와 대화하면 적대하던 이들조차 친구가 되곤 했다.

그런 한편, 그는 양쪽 진영 모두에게 변절자라며 공격받는 대상이었다. 자유 진영에서는 그를 공산주의자로 매도했고, 공산 진영에서는 그를 '제국의 꼭두각시'라 비난했다. 어떤 이들은 그저 그가 다방면에 요란하기만 하고 실속은 없다고 비난하기도 했다. 실제로도 그는 언론인이자 정치인이었으며, 체육인이기도 했다. 거기에 더해, 광고에도 종종 등장하는 인기 모델이었다.

그가 좋은 정치가였는지에 대해서는 평이 엇갈린다. 늘 중도에 서는 우유부단함이 단점이었고, 그 탓에 암살로 끝을 맺었다. 하지만 사람들은 그를 좋아했다. 해방 이후, '조선을 이끌어갈 양심적인 지도자' 설문에서 여운형은 2위와 3위를 압도하는 1위를 차지했다. 2위는 이승만, 3위는 김구였다.

07 코의 크기와 콧구멍의 크기

어떤 사람은 술자리에 가면 카드를 척척 내놓고, 어떤 사람은 계산할 때마다 신발 끈을 맨다. 그리고 어떤 사람은 늘 더치페이를 고집한다. 이런 면을 씀씀이라고도 하고, 배포라고도 한다.

어떻게 부르건 간에, 코와 콧구멍의 크기는 이를 극명하게 보여 준다. 사업을 하며 투자자를 찾을 때, 동업자가 필요할 때, 심지어 함께 술을 먹고 계산할 때도 알아 두면 유용하다. 다만 관상이 절대적인 것은 아니기에, 맹신하지는 않는 것이 좋다.

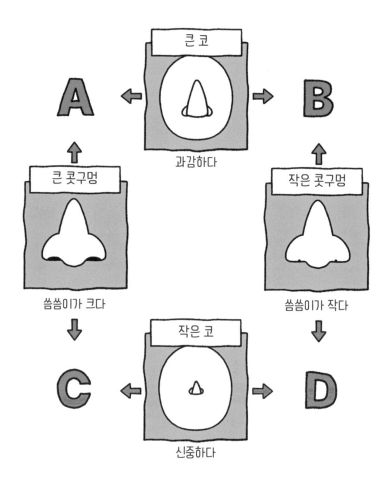

Ⓐ 코와 콧구멍이 큰 사람 뭘 하든 호탕하게

무슨 일이든 크게 벌이고, 지출을 아까워하지 않는다. 이 유형은 품은 뜻과 목표에 따라 평판이 달라진다. 독립운동을 위해 전 재산을 바친 사람, 자선 활동 및 기부로 거금을 시불하는 사람도 있지만, 도박으로 재산을 날리거나, 무리하게 사업을 진행하다 망하는 사람도 이 유형에 포함된다.

Ⓑ 코가 크고 콧구멍이 작은 사람 과감함 속의 신중함

일은 과감하게 벌이지만, 지출 면에서는 절제가 있다. 분명한 목적과 꼼꼼한 계획, 합리적인 지출이 이 유형의 특징이다. 돌다리도 두들겨 보고 건너는 타입. 다만, 모든 일을 심사숙고해서 처리하려 들다 보니, 기회를 보고도 망설이다 놓치는 일이 생기기도 한다.

Ⓒ 코가 작고 콧구멍이 큰 사람 진흙 속에 묻힌 다이아몬드

장사꾼이든, 정치가든, 혹은 군대의 전략가든, 이들은 마법 같은 성공으로 주위를 놀라게 한다. 그러나 자신을 내세우지 않는 탓에 발탁되는 일이 좀처럼 없다. 채택되지 못할 계획안을 만들며, 자기만족을 하는 경우도 많다. 유능하지만 승진 운이 없어서 무시당하는 유형이라고 할 수 있다.

Ⓓ 코와 콧구멍이 작은 사람 무서울 정도로 건실한

지독한 구두쇠다. 머리가 좋고, 돈을 좀체 쓰지 않는다. 들어오는 돈은 있는데, 나가는 돈은 거의 없다. 적게 벌고, 적게 쓰고, 모험은 하지 않는다. 이 유형은 의외로 주변에서 흔하게 보이며, 특히 자수성가한 사람에게서 많이 보인다. 달리 말하면 검소와 절약, 저축을 실천하는 착실한 사람.

베니토 무솔리니
Benito Mussolini, 1883-1945

자기 확신으로 파멸을 맞은
파시즘의 창시자

과감·독선 × 호탕
큰 코·큰 콧구멍

그의 생애는 대부분 호언장담과 그에 어울리지 않는 결과로 이루어졌다. 이탈리아에 옛 로마제국의 영광을 가져와 지중해 전역을 지배할 것처럼 큰 소리를 쳤지만 실제로 침략한 곳은 에티오피아 한 곳이었다. 그나마 장병의 희생이 컸고, 그 대가로 영국, 프랑스와의 관계가 돌이킬 수 없이 악화했다. 독일과 결탁하여 제2차 세계대전에 참전했지만, 첫 전투에서부터 프랑스에 참패를 기록하고 만다. 다시 아프리카로 시선을 돌려 이집트를 침공했지만 내리 연전연패였다. 내친김에 그리스 침공까지 시도했지만, 변변한 전차 한 대 없는 그리스를 상대로 패전을 거듭했다. 그는 이기지 못하면서도 전장을 확장했고, 과다한 인력을 투입하면서도 늘 손해만 봤다.

물론 그렇다고 늘 실패만 한 건 아니었다. 그는 과감한 쿠데타로 국가의 총리가 되었으며, 유적을 개발하고, 경제를 성장시키고, 범죄를 소탕했다. 이탈리아에는 그가 남긴 건축물들이 많다. 이탈리아 최초의 고속도로도 무솔리니가 만들었다. 여기까지만 했으면 그는 공과가 갈리는 과거의 인물로 남았을 것이다. 하지만 그는 위대한 고대 국가의 재현 같은 이상에 매달렸고, 그 자신이 고대의 위대한 영웅이 되려 했다. 그리고 실패한 독재자의 목록에 그 이름을 올리고 말았다.

08 코의 크기와 콧방울의 크기

콧방울이 큰 사람은 돈을 허투루 쓰는 법이 없고, 그 반대인 사람은 돈을 쓰는 데 자제력이 부족하다. 코가 큰 사람은 일을 처리하는 데 거침이 없고, 그 반대인 사람은 신중하다. 사업가라면 주목해야 할 부위다.

얼핏 보면 코가 크고 콧방울도 커야만 사업을 성공시키는 것처럼 보인다. 그러나 때로 사업에는 뒤를 돌아보지 않는 과감함도 필요한 법이다. 반면 늘 과감하기만 한 사업가는 실패를 만나면 크게 무너지기도 한다. 여기서는 자신의 행동 방식을 알고, 약점을 보완한다는 마음가짐으로 관상을 활용하면 좋다.

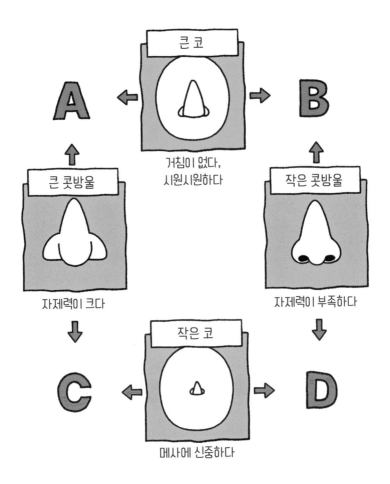

Ａ 코와 콧방울이 큰 사람 앞을 보지만 뒤를 생각한다

사업을 할 때, 꼭 여유 자금을 남겨 놓는다. 무리한 투자는 하지 않지만, 필요한 경우라고 생각하면 과감하게 추진한다. 모험과 보험이 균형을 이루는, 흔히 생각하는 가장 이상적인 사업가다. 물론 사업의 성공 여부를 결정하는 요소는 이것 말고도 많으니 속단은 금물이다.

Ｂ 코가 크고 콧방울이 작은 사람 거침없이 달려간다

자제력이 부족한데 실행마저 거침이 없다. 쉽게 결정하고, 종종 전 재산을 올인한다. 모험하듯 사업을 하는데, 충고마저 잘 듣지 않는다. 때로는 사업이 아니라 도박을 하는 거 같다. 사업가로서 최악인 것 같지만, 의외로 성공하는 경우도 많다. 대체로 새로운 분야를 개척하려는 사람이 많이 분포되어 있다.

Ⓒ 코가 작고 콧방울이 큰 사람 돌다리를 계속 두드린다

자제력이 있고 신중하다. 이리저리 견주어 본 뒤, 확실할 때만 투자한다. 고민의 수와 실패 확률은 반비례하기 때문에, 이런 부류는 어지간하면 실패하지 않는다. 하지만 극단적으로 신중하기만 해서, 좋은 기회를 놓치고 시작조차 못 하는 상황을 맞이하기도 한다.

Ⓓ 코와 콧방울이 작은 사람 고민해도 할 때는 한다

자제력이 부족하지만 신중하다. 심사숙고가 끝나면 과감한 투자를 한다. 그러나 그 심사숙고가 좀체 끝나지 않는다. 뭔가를 직접 추진하는 건 좋아하지 않아서 사업가보다는 엔젤 투자자* 중에 이 유형이 많다. 만약 사업을 한다면 네 유형 중 가장 현실적이다. 투자자 입장에서도 투자하기에 가장 이상적인 유형이라고 할 수 있다.

*기술력 대비 창업 자금이 부족한 기업에 투자하는 사람.

리처드 브랜슨
Richard Branson, 1950-

추진력 × 과감함
큰 코·작은 콧방울

 그는 하고 싶은 일은 남들이 뭐라 하든 꼭 해야 하는 사람이었다. 선천적 난독증으로 고교를 중퇴했지만 빌린 돈으로 잡지사를 만들었고, 막무가내로 수백 통의 편지를 보낸 끝에 존 레논, 믹 재거 같은 유명인과의 인터뷰를 연달아 성공시켰다. 그리고 이를 기반으로 음반 사업을 시작했다. 한번은 결항으로 비행기를 탈 수 없게 되자, 그 자리에서 전세기를 빌린 뒤 임시 가판대를 차려 놓고 항공 사업을 시작했다. 열기구로 세계 일주를 하고, 요트를 타고 대서양을 횡단하다가, 나중에는 우주에 가겠다며 우주여행 회사도 설립했다. 브랜슨은 많은 사업을 시도했고, 성공한 뒤에는 다른 사람에게 위임했으며, 그 뒤에는 그 사업에 대해 잊어버렸다. 그리고 또 새로운 사업을 시작했다.

 성공담도 많지만, 브랜슨에게는 실패담도 많다. 뉴욕시로 탱크를 몰고 가 코카콜라 간판에 대포를 쏘아가며 시작했던 콜라 사업은 결국 코카콜라에 밀렸고, 야심적으로 시도했던 우주여행 사업은 지금 파산선고를 앞두고 있다. 사람들은 그를 '괴짜 기업인'이라고 말한다. 늘 좋은 일만 한 건 아니었고, 늘 성공만 했던 건 아니었지만, 그의 행동은 대체로 대중의 사랑을 받았다. 그의 인생이, 누구나 잊고 살던 모험이란 말을 그대로 보여 주기 때문일 것이다.

09 코의 크기와 입술의 두께

서양의 관상에서는 코를 얼굴의 다른 부분과 연계해서 봐야 한다고 주장한다. 그러면서 인간의 본성과 성향에 대해 가장 많은 말을 해주는 곳을 입이라고도 한다. 즉, 입과 코를 연계해서 해석하는 사례가 서양의 관상에서는 제법 흔하다.

우리 관상에서도 입과 코, 이 두 부분의 조합은 굉장히 흥미로운 결과를 보여준다. 코의 크기는 우리가 하는 일, 즉 사업의 추진과 관련이 있고, 입술의 두께는 일 처리에 관한 배포와 결단력에 영향을 주는 부위이기 때문이다.

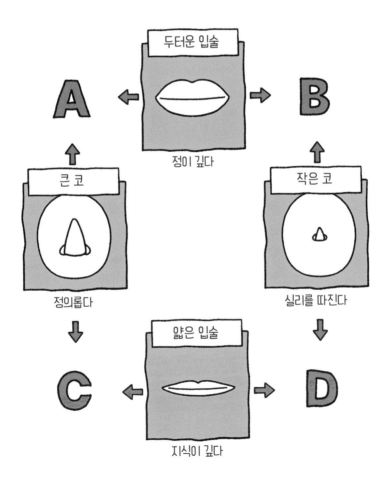

🅰 코가 크고 입술이 두터운 사람 가슴으로 살아간다

품성과 덕성이 높고 지식보다 정이 깊다. 가슴으로 설득하는 리더. 무협지에 나올 법한 영웅호걸이다. 행동이든 사람 사귀는 일이든 시원시원해서 인기가 많이, 가만히 있어도 사람이 모인다. 단점이라면 혼자만의 잘못된 정의에 빠지기 쉽고, 주위에 추종자가 많아 그것을 잘 알아차리지 못한다.

🅱 코가 작고 입술이 두터운 사람 모든 것은 내 손 안에

지혜롭고 이성적이며 지식보다 정이 깊다. 유능하면서도 인정이 넘치는데 겸손하기까지 하니 인기가 없을 수가 없다. 그래서 장사든 정치든, 많은 사람과 하는 일은 대체로 잘한다. 다만, 욕심이 많은 편이라, 악덕 상인이나 계책을 부리는 정치가 같은 부정적인 쪽으로 쉽게 빠질 수 있다.

ⓒ 코가 크고 입술이 얇은 사람 가까이하기엔 너무 이성적인

품성과 덕성이 높고 정보다는 지식이 깊다. 입술이 얇아 지극히 이성적이면서 욕망 역시 적은 면이 있는데, 대신 코가 커서 추진력이 높다. 위기 해결에 뛰어나고, 재물에 흔들리지 않아 분쟁의 중재에도 능하지만 종종 인간미가 없어 사람들이 가까이하려 들지 않는다는 단점이 있다.

Ⓓ 코가 작고 입술이 얇은 사람 까마귀 노는 곳에 백로야 가지 마라

지혜롭고 이성적이며 정보다는 지식이 깊다. 흔히 생각하는 이상적인 선비다. 지식과 능력에 더불어 인품도 뛰어나지만, 남 앞에 서려 들지 않는다. 아는 사람은 아는 능력자이지만 그 능력을 보여 줄 기회가 적고, 결과적으로 능력에 비해 성공하지 못하는 경우가 많다.

신채호
1880-1936

대한민국의 독립유공자,
민족주의 사학자

높은 품성 × 우직함
큰 코·두터운 입술

초기에 그가 빠졌던 것은 영웅 사관이었다. 민족의 위기에는 강력한 영웅이 나타나고, 이를 통해 국가의 위기를 극복할 수 있다고 보았다. 그는 영웅을 연구했고, 세계사의 영웅들을 문장으로 적어 대중에게 소개했다. 그러나 3.1운동 이후 민중이 더 중요함을 자각하고 사상을 전환하게 된다.

그의 마음에서 가장 큰 지분은 '우리 독립은 우리 민족의 손으로'가 차지하고 있었다. 임시정부 시절, 이승만이 위임 통치 청원서를 제출하자 맹렬히 공격하여 평생 적대 관계가 되었고, 점진적인 방법을 주장하는 김구, 안창호 등과도 불편한 관계였다. 그래도 그의 주변에는 늘 사람이 끊이질 않았다. 끼니도 거를 만큼 형편이 어려웠지만 주변 사람에게 손을 벌리는 일도 없었는데, 그래서 지인들은 그의 집에 몰래 아주 적은 돈을 숨겨 놓고 가기도 했다. 그래야 신채호 본인이 깜박 잊고 놓아둔 돈인 줄 알고 부담 없이 사용했기 때문이다.

현대에 들어와 신채호의 사관은 지나치게 주관적이고 자의적이라는 비판을 받기도 한다. 사료도 부족했거니와, 본인의 주관으로 사료를 자의적으로 해석하는 일이 종종 있었기 때문이다. 대표적인 사례가 살수대첩에 수공이 사용되었다는 오류다.

10 코의 크기와 눈썹의 이어짐

옛 관상에서는 끊어진 눈썹을 극도로 나쁜 것으로 봤지만, 신분제와 계급이 사라진 현대 사회에서는 꼭 그렇지만은 않다. 다만, 상사와 부하직원으로 만날 때는 이야기가 달라진다.

코의 크기는 추진력을 나타내고, 눈썹의 이어짐은 일관성을 나타낸다. 이 두 관상의 연계는 인간관계, 특히 직장에서의 상하관계를 잘 드러낸다. 주의할 점은, 좋은 상사와 성공한 상사가 꼭 일치하지는 않는다는 것이다. 만약 당신이 상사라면, 자신의 장단점을 이곳에서 생각해 보는 것도 좋을 것이다.

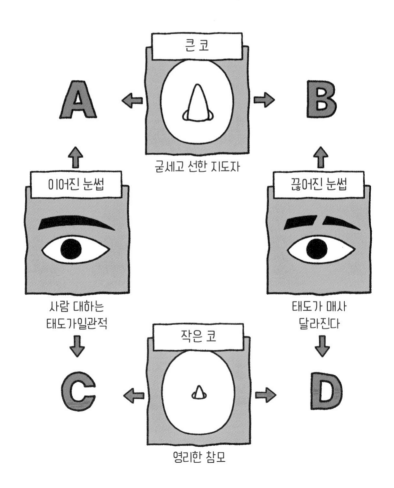

큰 코
굳세고 선한 지도자

이어진 눈썹
사람 대하는 태도가 일관적

끊어진 눈썹
태도가 매사 달라진다

작은 코
영리한 참모

🅐 코가 크고 눈썹이 이어진 사람 피로는 120%, 평가도 120%

최고의 리더. 이런 사람이 상사라면, 당신은 축복받은 사람이다. 거침없이 성장하는 역동적인 조직에서 공정한 평가를 받으며 능력을 펼칠 수 있다. 하지만, 이 유형은 자칫 과루가 일상이 조직을 만들 수도 있다는 단점이 있다. 가늘고 긴 직장생활을 바란다면 이런 리더는 피하자.

🅑 코가 크고 눈썹이 끊어진 사람 평가의 기준은 오직 나 자신

이런 사람 밑에서 일하게 되면, 매 순간이 생존게임이다. 시키는 것도 많고 바라는 것도 많은데, 결과물에 대한 평가는 기분에 따라 달라진다. 이런 변덕은 여럿이 일하는 일터에선 적합하지 않고, 혼자서 일하는 발명가, 혹은 예술가 같은 직업을 택하면 장점으로 승화할 수 있다.

Ⓒ 코가 작고 눈썹이 이어진 사람 머리가 좋으면 몸이 한가하다

이런 사람은 상사로 나쁘지 않다. 조직도 성과를 잘 내고, 당신에게 맡긴 일도 딱 당신에게 맞는 일일 확률이 높다. 단점이라면, 이 유형의 상사는 대체로 게으른 경우가 많다. 맡겨진 일 외에는 의욕을 내는 일이 드물고, 새로운 목표를 스스로 만드는 일도 거의 없기 때문이다.

Ⓓ 코가 작고 눈썹이 끊어진 사람 공포로 무리를 통솔한다

토사구팽의 대가. 이런 사람과 함께 일하면 언제 내쳐질지 몰라 항상 불안해하며 일하게 된다. 아무리 가까운 사이가 되더라도 예외가 없다. 전형적인 강약약강 스타일. 이런 부류는 여럿이 일하는 직종보다는 홀로 성과를 낼 수 있는 전문직이나 프리랜서를 택해야 한다.

일론 머스크
Elon Musk, 1971-

추진력·외골수 × 변덕
큰 코·고르지 않은 눈썹

상상을 현실로 만드는 인물. 일론 머스크는 추종자만큼이나 비판자 역시 많은 인물이다. 어떤 이는 그의 무모한 도전과 성공, 그리고 뛰어난 혁신을 이야기한다. 반면 어떤 이는 그의 변덕과 내로남불, 결여된 인간성을 입에 담는다. 그러나 그가 상상을 현실로 만드는 인물이라는 점만은 누구도 부정하지 못할 것이다.

세간의 선입견과 달리 그의 인생은 그리 순탄하지 못했다. 어린 시절에는 왕따에 폭행을 당하던 처지였다. 열등생이었고, 인기도 없고, 부친과의 사이도 나빴다. 미국으로 이민을 한 뒤에는 주류 밀매를 하기도 하고, 게임 회사에 취직하기도 했다. 그 뒤 생애 처음으로 창업을 한다. Zip2라는 인터넷 회사였다. 그러나 창업자인데도 회사에서는 왕따였다. 그 뒤 다시 페이팔을 창업했지만 회사는 적자에 시달렸고, 여기에서도 동료들에 의해 해임된다.

그의 경영 방식은 비난을 많이 받는다. 그에게 노동자는 고갈될 때까지 남용하는 자원에 지나지 않았다. 극도의 성과주의로 회사를 경영했지만 성과에 대한 평가조차 기분에 따라 달라졌다. 아이의 출산 때문에 행사에 불참한 직원에게 '실망했다'며 질책한 적도 있었다. 직원들은 그를 두려워하는 동시에 숭배했다.

11 코의 크기와 이마의 넓이

사람의 얼굴을 세로로 삼등분했을 때, 이마는 맨 위, 코는 그 바로 밑이다. 만약 차분하게 관찰할 시간이 부족할 경우에는 '이마에 비해 큰 코'라든가 '코에 비해 넓은 이마'같이 편법으로 읽어 낼 수도 있다. 물론 어느 정도 오차는 각오해야 하고, 가능하면 천천히 분석하는 게 좋다.

코가 크면 강인하고 올곧으며, 작으면 유연하고 실리를 따진다. 그리고 이마의 넓이는 그 사람의 시야다.

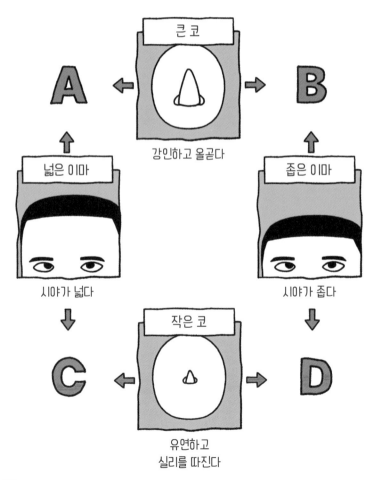

🅐 코가 크고 이마가 넓은 사람 선악을 따지지 않는 유능함

사교성과 의지와 추진력까지, 사업가로 필요한 역량을 고루 갖추고 있다. 사업을 하면 대성할 수 있지만, 이 사업이 객관적으로 정의로운지는 살펴봐야한다. 코가 큰 사람들은 주관이 강해 정의를 자기 마음대로 정하는 일이 잦다. 만약 돈을 정의로 여기게 되면, 수전노로 악명을 떨치게 된다.

🅑 코가 크지만 이마는 좁은 사람 선악을 따지지 않는 정의로움

이들은 끈기를 갖고, 뜻이 맞는 소수의 사람과 함께 다수에 대항하는 무언가를 만들어 낸다. 정치권에서 시민단체를 만드는 사람이 이런 유형으로, 나쁜 쪽으로 빠지게 되면 반란군, 테러단체 같은 반사회조직이나 카르텔 등을 만들 수 있다. 이들의 정의도 자기 자신에게만 달려 있기 때문이다.

ⓒ 코가 작고 이마가 넓은 사람 초심이 존재하지 않는 유능함

유능한 관료형. 상관이 큰길을 정해 주면, 갖은 계책을 동원해 그 길을 빛나게 만든다. 경직된 실무자라기보다는 유연한 해결사다. 그러나 큰길을 정하는 주관이 없어서 실리를 따지다 이득에 몰두하기 쉽다. 그 결과 비리에 잘 빠지기도 한다. 윗사람에게 아부하며 파벌 만들기에 몰두하는 사람 중 이유형이 많다.

ⓓ 코가 작고 이마도 좁은 사람 초심이 존재하지 않는 정의로움

이상적인 선출직 공무원. 이들은 대의 민주주의라는 말을 충실히 반영하며, 비리에 빠질 일도 적다. 그러나 자의로 출마하는 일이 드물다. 이 유형의 사람이 사적인 목표를 가지게 된다면, 유권자의 의도를 왜곡하는 말을 한다. 누가 봐도 안 좋은 일을 '국민의 뜻'이라는 말로 포장하고 산다.

하워드 휴즈
Howard Hughes, 1905-1976

의지·추진력 × 사교적
큰 코·넓은 이마

하워드 휴즈는 1905년, 부유한 사업가인 아버지와 귀족 출신인 어머니 사이에서 태어났다. 어릴 때부터 공학에 두각을 드러냈고, 열여섯 살 때 어머니를, 열여덟 살 때 아버지를 여읜 뒤에 아버지의 사업을 물려받았다. 그는 대학을 자퇴한 뒤, 꿈이었던 영화 제작을 위해 할리우드로 떠난다.

영화 제작조차 그에게는 모험의 연속이었다. 그는 늘 기술과 자본과 현실의 한계에 도전했다. 몇몇은 적자를 보았지만 그가 찍은 영화는 대체로 성공했고, 늘 화제를 끌어 모았다. 이와는 별개로 숱한 여배우들과의 염문도 유명하다. 비행사로서의 그도 모험의 연속이었다. 그는 최고 속도, 대륙 횡단, 세계 일주 등에서 연달아 기록을 경신해 나갔고, 나중에는 항공기 회사까지 설립했다. 말년에는 라스베이거스로 떠나 그곳을 촌구석 유흥 도시에서 세계적인 카지노 제국으로 탈바꿈시켰다.

그에게는 건강을 위협할 정도의 심각한 결벽증이 있었다고 전해진다. 그는 청결에 과도할 정도로 집착했고, 식사도 매번 같은 것만 먹었다. 직원들의 정시적 성향을 검열하여, 그가 보기에 '불순해 보이는' 직원은 이유 불문하고 내보냈다. 대중에게 그는 '미국의 꿈'을 보여 주는 모험가이자 사업가였다. 그러나 한편으로 그는 대중이 '이해할 수 없는 기인'이기도 했다.

12 코의 높이와 콧구멍의 크기

코가 산이라면, 콧구멍은 그 산에 난 폭포와 같다. 높은 산의 큼직한 폭포는 보기에 좋고 소리도 우렁차지만, 가뭄에 쉽게 말라 버린다. 반면, 낮은 산에 난 작은 폭포는 드러나지 않아 찾는 사람이 별로 없을지언정, 사시사철 언제나 찾아가 볼 수 있는 휴식처가 된다.

이 관상은 특히 배우자를 찾을 때 많이들 본다. 코의 높이는 자신감을, 콧구멍의 크기는 씀씀이를 보여 주는데, 이 둘은 가정생활을 좌우하는 중요한 요소이기도 하기 때문이다. 그 외에도 평생 같이 갈 친구나 사업상의 동업자를 찾을 때도 이 두 요소는 무척 유용하다.

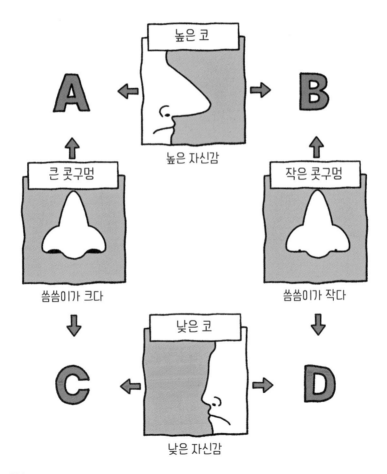

🅰 코가 높고 콧구멍이 큰 사람 오늘은 내가 쏜다

씀씀이가 크고 자신감이 넘친다. 허세, 과시욕이 있고, 돈을 물 쓰듯이 한다. 술자리에서 카드를 턱턱 내는 것도 이쪽. 그러나 씀씀이와 별개로 사람이 잘 모이고, 호감도 쉽게 산다. 타인에 대한 편견이 없고, 내가 어려울 때 손을 내밀어주는 좋은 사람. 함께 놀면 즐겁지만, 자칫 음주나 마약에 빠져들 수도 있다.

🅱 코가 높고 콧구멍이 작은 사람 재미에 돈이 필수는 아니야

자신감이 넘치지만, 씀씀이가 작다. 술값 다 낼 것처럼 호기를 부리다가, 정작 계산할 때는 도망가고 없다. 비호감일 거 같지만 의외로 실속이 있다. 이들은 예산에 맞춰 알뜰하게 노는 데 도가 텄다. 남들이 패키지로 여행을 갈 때, 이들은 배낭을 메고 숨은 명소를 찾는다. 그리고 사진을 찍어 SNS에 올린다.

ⓒ 코가 낮고 콧구멍이 큰 사람 네가 행복하면 나도 행복해

남의 말에 잘 휘둘리고, 씀씀이도 크다. 즉, 사기에 쉽게 걸린다. 분위기에 떠밀려 술값 뒤집어쓰는 사람도 이쪽. 함께 밥을 먹어도 늘 계산을 해 준다. 그래도 동업자를 찾는다면, 가장 이상적인 부류가 바로 이쪽이다. 언제나 내 의견을 우선시해 주며, 궂은일과 지출도 마다하지 않기 때문이다.

Ⓓ 코가 낮고 콧구멍이 작은 사람 우정과 돈은 상관이 없지

평범하다. 남의 말에 쉽게 휘둘리지만, 모험은 하지 않아 큰 손해를 보지는 않는다. 더치페이를 주장하는 쪽으로, 자신을 과신하지 않고, 씀씀이도 과도하지 않다. 즉, 굉장히 착실하다. 동업자로는 피곤한 유형이지만, 친구라면 얘기가 다르다. 내 말을 잘 들어주고, 싫은 소리도 하지 않는 좋은 사람.

스티브 워즈니악
Steve Wozniak, 1950-

성공하기보다는 기술자로 남기를
바랐던 천재 공학자

겸손 × 호탕
낮은 코·큰 콧구멍

 스티브 잡스에게, 워즈니악은 그야말로 이상적인 동업자였을 것이다. 어릴 때부터 공학 전반에 뛰어난 재능을 보이고, 시대를 대표하는 유명한 해커이기도 했던 그는 일찌감치 스티브 잡스의 눈에 띄었고, 곧 친한 친구가 되었다. 애플사가 처음으로 판매했던 퍼스널컴퓨터 애플 I 도 워즈니악이 컴퓨터 동호회 시절 취미로 만들었던 물건이었다. 잡스는 얼핏 조잡한 회로 덩어리로만 보이던 이 물건의 가치를 알아보고, 워즈니악을 설득해 사업을 시작하도록 한다. 결국 워즈니악은 안정된 직장인 휴렛팩커드를 그만두고 잡스와 함께 애플을 창업한다. 여담이지만 사업비 대부분을 낸 사람도 워즈니악이었다. 그리고 그는 역사를 바꾼 컴퓨터, 애플 II 를 설계한다.

 워즈니악은 무시무시한 공학적 능력만큼이나 대인배적인 행보로도 유명하다. 애플을 창업하기 전, 잡스는 아타리에서 오천 달러어치의 일감을 받아왔다. 작업은 모두 워즈니악이 했고, 잡스는 보수가 칠백 달러라고 사기를 쳤다. 그 와중에 본인의 여행 일정에 맞춰 마감 일정을 속이기도 했다. 그러나 워즈니악은 훗날 사실을 알고 나서도 쿨하게 넘겨 버렸다. 자신이 소유한 애플 지분을 직원들에게 거의 공짜로 나누어 주기도 했다. 그는 이것을 '워즈 플랜'이라고 불렀다.

13 코의 높이와 귀의 크기

귀가 큰 사람은 지식을 받아들이는 데 선입견이 없다. 그래서 학식도 상식도 풍부할 수밖에 없다. 하지만 받아들인 지식을 의심하는 법이 없어 기존 지식을 뛰어넘기에는 아무래도 무리가 따른다. 반면 귀가 작은 사람은 뭘 받아들이건 자기 자신이라는 체를 거쳐야 한다. 이들은 당연한 지식도 의심하며, 그래서 새로운 것을 창조해 낸다. 그러나 의심이 지나쳐 믿는 지식이 편중되는 경우도 많다. 그 편중의 정도를 좌우하는 것이 바로 코의 높이다. 코의 높이는 자신감, 즉 자기 확신의 정도를 보여 주기 때문이다.

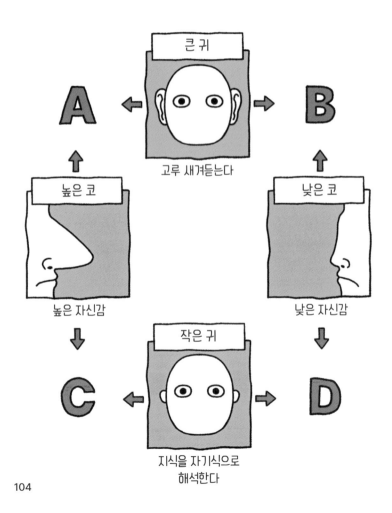

🅐 코가 높고 귀가 큰 사람 2% 부족한 혁신

많이 들어 아는 지식이 많고, 이를 활용하는 데도 거침이 없다. 완전히 새로운 물건이나 놀라운 법칙을 발견해 내지는 못하지만, 기존의 것들을 개선, 개혁하는 데 따라올 자가 없다. 사업가가 가장 잘 맞는 적성인데, 그 외에도 아이디어와 혁신으로 승부를 겨루는 곳이라면 어디에서든 활약한다.

🅑 코가 낮고 귀가 큰 사람 과거와 미래를 잇는 자

아는 지식이 많지만, 이를 활용하기보다는 지켜 나가는 데 더 유능하다. 즉, 영민한 사업가라기보다는 유능한 기술자나 능숙한 행정가다. 학문을 하더라도 연구보다는 교육 분야가 더 적성에 맞다. 정도가 지나치면 기존의 것을 답습하려고만 드는 경우가 있다.

ⓒ 코가 높고 귀가 작은 사람 너무 똑똑한 우물 안 개구리

귀가 작은 사람들은 분야는 좁을지언정 전문 분야에서는 누구도 따라오지 못할 만큼 지식의 심도가 깊다. 암기보다는 이해해서 본인 것으로 만드는 부류인데, 높은 자신감 덕에 기존의 것을 반박하거나 새로운 것을 창조하는 데 특출하다. 즉, 발명가가 천직. 그러나 종종 외골수에다 고집불통이고 엉뚱하다.

ⓓ 코가 낮고 귀가 작은 사람 뭉칠수록 강해진다

이쪽도 무언가 바꾸고 만들어 내는 데 탁월하지만 홀로 치고 나가 뭔가를 해내기에는 자신감이 조금 부족하다. 그래서 자기와 뜻이 같은 사람과 무리를 이루려 한다. 뭔가 소심해 보이지만, 과학도 정치도 팀을 이뤄서 진행하는 곳이 바로 현대사회다. 일이 잘 풀리지 않으면, 불만만 많은 불평분자가 된다.

빌 게이츠
Bill Gates, 1955-

기술만큼이나 사업적 역량이 뛰어났던
마이크로소프트사의 창업주

자신감 × 영리함
높은 코 · 큰 귀

 널리 알려진 사실이지만, 마이크로소프트는 빌 게이츠와 폴 앨런이 함께 창업한 회사다. 빌 게이츠 역시 뛰어난 프로그래머였지만, 핵심적인 부분은 대부분 동업자인 폴 앨런의 솜씨였다. 오늘날 소프트웨어 회사들의 수익 기반이 되는 '컴퓨터 한 대당 하나의 소프트웨어'라는 비즈니스 개념 역시 폴 앨런의 아이디어였다.

 MS가 개발한 많은 소프트웨어 중 빌 게이츠가 개발에 기여한 부분은 의외로 그리 많지 않다. 대부분 아이디어와 방법을 앨런이 제시하면 게이츠가 팀원들과 함께 마무리하는 식이었다. 때로는 다른 회사의 소프트웨어를 사들인 뒤 수정하기도 했다.

 빌 게이츠가 진정으로 역량을 발휘한 분야는 개발이 아니라 사업이었다. 80년대 초, MS는 IBM사와 운영체제 공급을 위한 계약을 체결했다. 빌 게이츠는 시애틀 컴퓨터가 개발한 Q-DOS를 구입한 뒤 이를 수정하여 MS-DOS로 판매한다. 이는 '세기의 계약'이 되었다. 그 뒤에는 애플사에서 GUI 특허권을 사들인 뒤 GUI 기반의 윈도우1.0을 개발해 발표한다. 새로운 분야를 만들어 내는 혁신적인 창의성은 부족했을지언정, 이를 알아보고 발굴해내 상품으로 바꾸는 데 빌 게이츠를 따라갈 사람은 없었다.

14 코의 높이와 턱의 각짐

어떤 모임에 처음으로 들어갈 때, 처음 만난 사람과 친구가 될지 고민될 때, 이 얼굴 부위를 살펴보면 도움이 될 것이다. 여기서 보여 주는 것은 배려와 자신감으로, 모두 사람을 대하는 태도나 대화와 관련되어 있기 때문이다. 물론, 기질과 선악은 다르다는 점도 명심해 두자.

성격이 모난 사람은 그 강직함으로 선한 일을 할 수도 있다. 반면 성격이 너무 원만한 사람은 싫은 소리를 하지 못해 큰일을 그르칠 수도 있다. 그리고 자신감이 너무 크면 자만심으로 흐르지만, 반대로 중요한 일을 적극적으로 추진할 수도 있다.

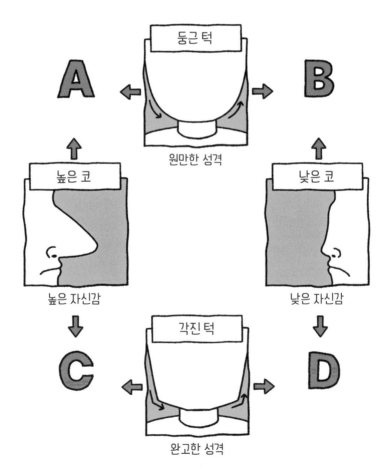

둥근 턱
원만한 성격

높은 코
높은 자신감

낮은 코
낮은 자신감

각진 턱
완고한 성격

A 코가 높고 턱이 둥근 사람 뒤끝이 없는 편안함

원만한 성격에 자신감이 넘친다. 매사 긍정적이고 추진력도 높다. 이런 사람이 리더가 되면, 그 무리는 안에서나 밖에서나 안정감을 느낀다. 이 유형은 토론할 때도 비교적 즐겁게 할 수 있는데, 활기찬 화법으로 토론을 끌어가고, 나중에도 뒤끝이 없기 때문이다.

B 코가 낮고 턱이 둥근 사람 너무 지나친 배려

원만한 성격을 가지고 있지만 자신감이 낮다. 사람을 대할 때 긍정적이며, 배려심이 깊다. 집단에서 미움받지 않게 처신하고, 예의 바르다는 얘기도 자주 듣는다. 하지만, 상대에게 맞춰 주는 말만 하려 드는 경향이 있기 때문에 의견을 주고받는 자리에선 답답할 수도 있다.

ⓒ 코가 높고 턱이 각진 사람 친해지기 어려운 강직함

완고하고 자신감이 높다. 이런 사람은 친해지기 정말 어렵다. 정확히는 친구로 인정받기가 극도로 어렵다. 이런 유형은 절친한 친구가 아닌, 상하관계가 뚜렷한 상관 혹은 선후임의 관계로 만나는 게 더 나을 수도 있다. 강직한 무인의 상으로, 상명하복의 군인과는 비슷하면서도 다른 유형이다.

ⓓ 코가 낮고 턱이 각진 사람 내게는 너무 좋은 사람

완고하지만 자신감이 낮다. 그러니까, 설득하기가 어렵지 않다. 첫인상은 까칠해 보일 수 있지만, 대화에서 주도권을 가져올 수 있다면 비교적 편한 관계를 이어갈 수 있다. 일단 설득만 한다면, 이들은 든든한 아군이 된다. 충직한 군인의 상으로, 자칫 잘못하면 간신배가 될 수도 있다. 말솜씨나 권위에 쉽게 복종하기 때문이다.

커티스 르메이
Curtis LeMay, 1906-1990

무모하지만, 솔선수범했던
폭격의 거장

자신감 × 완고
높은 코 · 각진 턱

현실의 그는 가까이하기에 어려운 사람이었다고 한다. 말수가 적었고, 말을 해도 한두 마디뿐이었다. 목소리도 크지 않은 편이었다. 그러나 전장의 그는 치밀하게 계산하고, 용맹하게 행동하는 장군이었다.

제2차 세계대전 시기, 전장에 도착한 르메이는 연합군 폭격기의 명중률이 심각할 정도로 나쁘다는 현실을 목격하게 된다. 대공포 사격을 두려워한 조종사들이 목적지에 도착하자마자 서둘러 탄을 떨구고 회피 기동에 들어가기에 바빴기 때문이다. 이에 그는 모든 조종사에게 '회피하지 말고 일직선으로 비행하라'는 지시를 내린다. '죽음을 각오하라'는 말과 다를 바 없었지만, 그 자신이 직접 선두 기체에 조종사로 탑승하여 장병들을 이끌었다.

그의 작전은 늘 새로웠고, 이면에는 정확한 계산과 근거가 있었으며, 과감했다. 그리고 종종 그 자신이 선봉이었다. 전쟁 이후에는 강경파의 선두에 섰다. 지나치게 호전적인 면은 시대가 흐르며 점점 비난의 대상이 되었지만, 그래도 그는 어느 정부에서건 중용되었다. 전장 지휘관으로서 더할 나위 없이 유능한 사람이었기 때문이다. 한편, 장병들에게 그는 존경받는 상관이었다. 무모하고 위험한 작전을 지시하긴 했지만 그럴 때면 대체로 선봉에 섰고, 장병의 불만과 고충, 심지어는 욕설까지도 들어줄 줄 아는 좋은 지휘관이었다. 그리고 전쟁 시기 병사의 복지 제도에 누구보다 신경을 써 준 장성이기도 했다.

15 코의 높이와 이마의 넓이

이마와 코는 사업과 관련이 깊은 부위인데, 그중에서도 이번 관상은 특징이 뚜렷해서 알아보기 쉽다. 이마가 넓으면 시야도 넓고, 코가 높으면 자신감도 넘친다. 즉 타고난 사업가 성향을 갖추고 있는 사람이다.

반면 그 반대는 시야가 깊고 침착하다. 타고난 직장인, 혹은 기술자다. 물론 현실에서는 극단적인 관상이 드물기에, 실제로 이 조합은 정도에 따라 융통성 있게 판단하면 좋다.

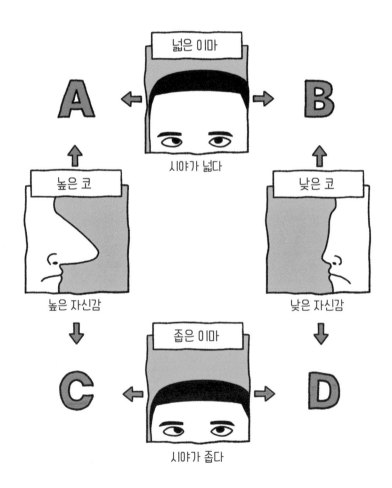

넓은 이마
시야가 넓다

A

B

높은 코
높은 자신감

낮은 코
낮은 자신감

C

D

좁은 이마
시야가 좁다

Ⓐ 코가 높고 이마도 넓은 사람 큰 사람에게는 큰물이 필요하다

수시로 아이디어가 솟아나고 인맥도 넓다. 시야도 넓고 자신감도 넘치기 때문에 무리 속에서 돋보인다. 하지만, 제약이 많은 환경에서는 아이디어가 힘을 발휘하지 못하고 헛돌기 쉽다. 작은 연못에 고래가 사는 격이다. 이런 유형은 뜻을 펼치지 못하게 묶어 놓는 순간 애물단지가 된다.

Ⓑ 코가 낮고 이마가 넓은 사람 돌다리를 두드리다 부숴버린다

사업가보다는 투자자 쪽에 이런 유형이 많다. 시야가 넓어서 아이디어도 많고, 인맥 역시 넓다. 그러나 신중에 신중을 기해 확실한 것에만 투자하려고 한다. 네 유형 중 실패를 가장 두려워하며, 이들도 제약이 많으면 한 명의 불평분자, 애물단지로 전락할 수 있다.

ⓒ 코가 높고 이마가 좁은 사람 내가 걷는 곳이 곧 길이다

사업가이고 싶어 하는 기술자, 혹은 연구자. 아이디어 상품 한두 개로 친구와 사업한다는 대책 없는 사람이 있다면 대체로 이 유형이다. 성공하는 경우도 있지만, 그러지 못하는 경우가 더 많다. 실은 사업가보다는 기술자나 연구자가 적성이다. 하나에만 집중한다는 점에서 정치인, 사회운동가도 적성에 맞다.

Ⓓ 코가 낮고 이마도 좁은 사람 기대 받는 만큼 보답한다

기술자, 장인의 적성. 배운 것도 꾸준히 연습하고 보완해서 전문가가 된다. 뛰어난 아이디어도 탁월한 리더십도 없지만, 주어진 일은 반드시 이루어 낸다. 이상적인 직장인의 표본. 어떤 직위에 놓아도 유능하지만, 천성이 직장인이기 때문에 권한에 비해 의무가 많다면 갑자기 무능해진다.

정주영
1915-2001

추진력·자신감 × 넓은 시야
높은 코·넓은 이마

정주영은 그의 무대뽀적(?)인 발상과 드라마틱한 성공으로 유명하다. 인생 초년기에, 그는 여러 번의 가출을 했다. '장남이니 농사를 지어야지'라는 아버지에 대한 반발이었다. 그러나 매번 소득도 없이 아버지에게 잡혀 집으로 돌아온다. 결국 다섯 번째 가출에서 인천에서 막노동꾼으로 취직하며 고향을 떠나는 데 성공한다. 그 뒤 닥치는 대로 일을 하며 돈을 모았고, 서울에서 자동차 수리공장을 창업한다. 나중에는 건설회사까지 세우고, 사업을 점점 더 확장해 나간다. 그리고 잔디가 없으니 대신 보리를 심었다거나, 조선소를 세우기도 전에 배 수주부터 먼저 받았다거나 하는 소설 같은 일화들을 남겼다.

심지어 조선소 건설과 배 건조를 동시에 하는 기상천외한 일도 벌였다. 조선소 도크를 일부 건설하면 그만큼 배를 더 만드는 식으로 진행했다고 한다. 모두 사업이라기보다는 모험에 가까운 일이다. 중동 지역 건설에 진출할 때는, 원가를 절감하기 위해 기자재를 바지선에 실어 한국에서 직접 실어 날랐다. 풍랑이라도 만났으면 회사 자체가 사라질 수도 없는 위험천만한 시도였다. 그러나 결과는 성공이었고, 당시 우리나라 국가 예산의 1/4에 해당하는 수주 금액을 벌어들였다.

16 콧구멍의 크기와 콧방울의 크기

콧구멍의 크기는 사람이 일을 크게 벌이는지 작게 벌이는지, 돈을 쓸 때 씀씀이가 어떤지를 보여 준다. 콧방울이 보여 주는 건 자제력이다. 크면 클수록 자제력도 뛰어나다. 예를 들어, 콧구멍이 크고 콧방울이 작다면 그 사람은 돈을 헤프게 쓰는 사람이기 쉽다. '돈을 쓰는 것' 한 가지만 알고 싶다면 이 두 부위만 보는 것으로도 충분할 정도다.

그러나 과신하지는 말자. 관상이 보여 주는 것은 그 사람의 기질일 뿐, 실제 행동을 완벽히 예언하는 것은 아니기 때문이다.

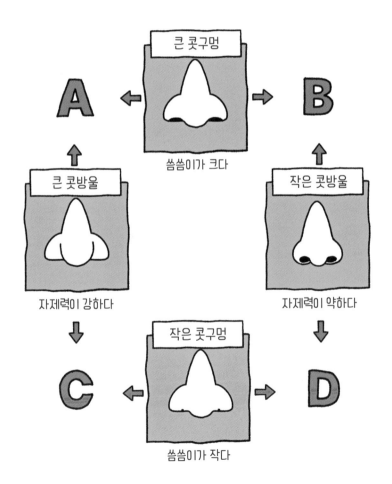

A 큰 콧구멍이 큰 콧방울에 가려진 사람 걸어 다니는 자기 계발 서적

들어오는 돈도 많은데, 사업도 투자도 신중하다. 신중함이 지나쳐 호기를 놓치는 일도 많다. 계획 하나를 세우는 데 많은 고민과 검토를 요구하지만, 계획한 일은 대체로 성공한다 검토를 마친 뒤에는 투자가 거침이 없기 때문이다. 가장 안정적인 사업가다. 단점이라면, 함께 일하면 피곤하다.

B 큰 콧구멍이 작은 콧방울에 드러난 사람 쓸 때도 벌 때도 다다익선

들어오는 돈도 많지만, 돈을 쓰는 데도 거침이 없다. 사업이든 투자든 기분에 따라 진행하고, 술자리에서는 돈을 뿌리고 다닌다. 물려받은 재산으로 사업하는 사람 중에 종종 보이는 유형이다. 그러나 과감함 덕분에 오히려 사업에서 성공하는 경우도 많다. 봉사나 자선 사업에 손을 댄다면 만인의 존경을 받는다.

ⓒ 작은 콧구멍이 큰 콧방울에 가려진 사람 벌어서 남 안 준다

적게 벌고, 적게 쓴다. 다 같이 밥 먹고 계산하는데 혼자 신발 끈 매는 사람. 극단적으로 가면, 모은 재산을 자식에게까지 주지 않으려고 한다. 돈이 아까워 제때 병원을 찾지 않아 병을 키우는 경우도 있다. 자수성가한 사람 중에 많고, 말년에 평생 모은 돈을 기부하는 사람 중에도 이 유형이 많다.

ⓓ 작은 콧구멍이 작은 콧방울에 드러난 사람 돈보다 친구가 소중하다

들어오는 돈도 별로 없는데, 돈 쓰는 걸 별로 아까워하지 않는다. 집도 차도 저축도 없는데, 밥도 술도 잘만 사준다. 힘들 때 술 한 잔을 기울일 수 있고, 모두가 외면할 때도 도움의 손을 내밀어주는 무척 좋은 사람. 인간으로서는 좋은 사람이지만 배우자로서는 조금 고민되는 사람이기도 하다.

워런 버핏
Warren Buffett, 1930-

절제 × 절약
작은 콧구멍·큰 콧방울

그를 이곳에 예시로 써도 좋은지 모르겠다. 그의 관상은 세 번째 유형, 즉 적게 벌어 적게 쓰는 자린고비형이다. 손꼽히는 부자인 그가 적게 버는지에는 다소 의문이 있다. 그러나 그가 적게 쓴다는 거 하나는 분명한 사실이다. 그를 칭송하는 말 가운데 빠지지 않는 게 '검소함'이기 때문이다.

하지만 성공하기 전의 그는 분명 적게 버는 사람이었다. 어릴 때는 콜라와 껌을 팔아 돈을 모았다. 그 돈을 주식에 투자하여 고작 5달러의 수익을 본다. 심지어 그 주식은 그가 팔자마자 무려 다섯 배가 올랐다. 큰 이익을 눈앞에서 놓친 것이다. 그 뒤에도 그는 적게 버는 사람이었다. 그는 신문 배달을 했고, 이를 모아 농지를 사들였다. 그 뒤에는 게임기 판매를 했고, 대학에서 강사가 되었으며, 취직해서 직장인이 되었다. 그동안 그가 번 '적은 돈'은 점점 쌓여 가고 있었다.

1956년, 버핏은 오마하로 돌아가 친구들과 기업을 창업했다. 그리고 놀라운 투자 수익을 기록하며 우리가 아는 성공의 길을 걷기 시작한다.

2006년, 그는 기부 서약을 하며 다시금 언론에 이름이 올랐다. 자신이 보유한 회사의 주식 대부분을 자선단체에 기부하겠다는 서약이었다.

17 콧방울의 크기와 입술 두께

콧방울의 크기라고 구분하지만, 정말 눈여겨 보아야 할 것은 정면에서 봤을 때 콧구멍이 어느 정도 보이는가다. 적게 보일수록 절제력과 자제력이 크고, 클수록 그 반대다. 그리고 입술의 두께는 평소 판단의 기준이 감성인지 이성 인지, 그리고 욕망이 큰지 작은지를 드러낸다. 예를 들어 입술이 얇으면 이성 으로 판단을 하고, 욕망 역시 작다.

이 관상의 조합으로 소비와 사업의 형태를 알 수 있는데, 특별하게 연애 성향 에 대해서도 알아볼 수가 있다.

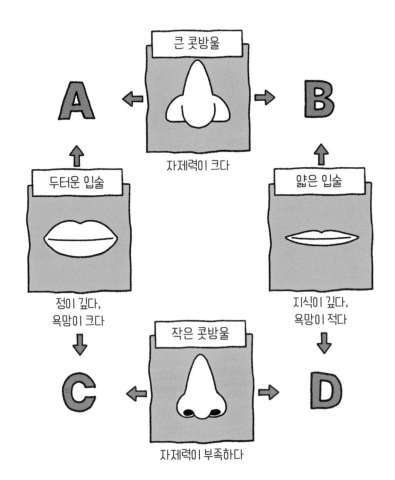

Ⓐ 콧방울이 크고 입술이 두터운 사람   결코 선을 넘지 않는

쉽게 사랑에 빠지고, 높은 확률로 정열적인 사람이 된다. 그러나 가진 돈에 비해 데이트와 선물 등에 그리 많은 돈을 쓰지는 않는다. 즉, 욕망이 크지만 지킬 건 지키는 스타일. 결혼하며 곁눈질은 자주 할 수 있어도, 정작 그게 바람으로 이어지는 일은 거의 없다.

Ⓑ 콧방울이 크고 입술이 얇은 사람   말하지 않아도 알아요

믿음직하고 재력도 있어 기댈 수 있는 짝이지만, 먼저 고백하는 법이 없고, 고백해도 잘 받아들이지 않는다. 연애라는 경주의 출발선으로 옮기기 가장 까다로운 유형이지만, 출발선에 올리기만 하면 가장 신뢰할 수 있는 상대가 된다. 덧붙이자면, 이 유형은 연애를 해도 간지러운 말은 잘 하지 않는다.

Ⓒ 콧방울이 작고 입술이 두터운 사람 화려한 꽃은 쉽게 진다

사랑에 빠지면 집도 차도 다 내어준다. 데이트에 돈을 아끼지 않아 네 가지 유형 중 가장 화려한 연애를 할 수 있다. 그러나 이 유형은 욕망이 크고 자제력이 부족해 사랑에 빠지는 데도 한도가 없고 앞도 뒤도 돌아보지 않는다. 그래서 결혼 후 장래를 계획하는 데 어려움이 있고, 결혼해도 높은 확률로 바람을 핀다.

*조선 후기에 집필된 한글 소설. '여덟 명의 여자와 만나는 한 남자'를 통해 불교사상을 전달하고 있다.

Ⓓ 콧방울이 작고 입술이 얇은 사람 너는 내 모든 것

연애하기는 어렵지만, 일단 시작하면 헌신적이다. 어떤 땐 자신의 욕망을 채우기보다, 상대방의 행복을 끌어내는 데서 기쁨을 찾기도 한다. 내 사람에게는 뭐든 아까워하지 않는 지고지순한 스타일. 당연하지만 일단 연애를 시작하면 다른 이성에게는 곁눈질조차 하지 않는다.

백석
1912-1996

정열적 × 너무 큰 욕망
작은 콧방울 · 두터운 입술

십대 시절인 1930년, 백석은 불륜을 소재로 인간의 욕망을 다뤄 낸 단편 소설을 써 내『조선일보』신춘문예에서 상을 받는다. 그리고 일본 유학을 떠나 영어, 러시아어, 프랑스어, 독일어, 중국어 등을 배워 익힌다. 귀국해서는 신문사에 입사했고, 외국 작가들의 에세이를 번역해 소개했다. 그리고 본격적인 시인 활동을 시작한다. 그 뒤 함경남도에 가서 교사직을 하기도 하고, 다시 서울로 와서 편집 일을 하기도 한다. 그 뒤에는 만주로 갔다가 고향인 평안도로 돌아온 상태에서 남북이 분단되고 만다. 그리고 북쪽에서 생을 마쳤다.

백석의 위대한 시만큼이나 사람들에게는 그가 만난 여성들이 화젯거리였다. 그는 공식적으로 세 번의 결혼을 했고, 그와 교분을 나누었거나, 그렇디고 주장하는 여성들은 셀 수 없이 많다. 그도 그럴 것이 시대를 고려해도 백석은 잘생긴 편이었고, 185cm의 장신이었다. 주변인들이 말하는 그의 첫사랑은 '란'이라는 여성인데, 당시 18세의 신여성이었다. 백석은 란을 만나기 위해 여러 차례 통영을 찾았으나 실패했고, 아쉬운 마음을 담아 통영을 소재로 한 시를 여러 편 남겼다. 그 뒤 란은 다른 이와 결혼했고, 백석은 신혼집을 찾아갔다. 그리고 그 각각의 감상 역시 시를 적어 남겼다.

18 콧방울 크기와 눈썹의 길이

훈련된 군인이라도, 기질과 성품에 따라 걸맞는 전장이 있다. 어떤 이는 승리를 굳히는 진격전에, 어떤 이는 역전을 노리는 돌격전에 어울리다. 총칼 없는 전쟁터, 사회도 마찬가지다.

목적을 이루려 할 때, 사람을 모아 신속하게 일을 해결하려는 사람도 있다, 반면 소수 인원을 배치하여 효율을 노리는 사람도 있다. 그런가 하면 홀로 일을 떠맡는 사람도 있고, 조직이 아닌 자신의 의지를 따르는 사람도 있다. 여기서 다루는 내용이 바로 이러한 것들이다.

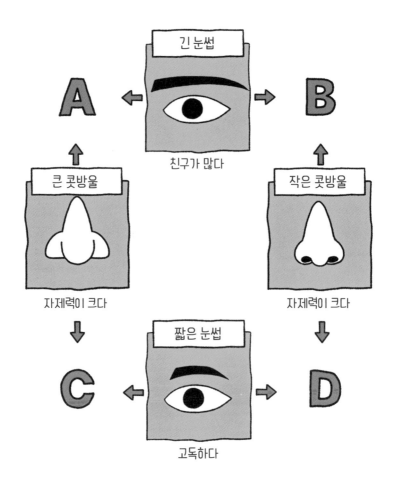

🅰 콧방울이 크고 눈썹이 긴 사람 어떤 상황이든 전력으로 달려라

구성원 개개인의 능력과 특성에 해박하고, 적재적소에 배치하여 위기를 넘긴다. 급박한 상황에서도 당황해서 성급히 행동하지 않는다. 어떤 상황에서도 조직의 역량을 최고로 끌어올리는 유능한 사람이지만, 평시에는 의외로 어울리지 않는다. 팀원을 과로에 시달리게 하는 일등 공신.

🅱 콧방울이 작고 눈썹이 긴 사람 지나침은 늘 모자라지 않다

승리가 예정된 전장에서, 더욱 확실한 승리가 필요하다면 이 사람이 적임자다. 과하고 넘치는 투입으로 기대 이상의 성과를 노린다. 즉, 물량 승부. 때론 적재적소가 아닌 인맥으로도 사람을 배치하니, 위기의 순간에는 어울리지 않는다. 패전 처리나 역전을 노리는 전장에서는 최악의 지휘관이다.

ⓒ 콧방울이 크고 눈썹이 짧은 사람 **내게는 나만의 방법이 있다**

무뚝뚝하지만 든든한 베테랑 병사. 앞에 나서지는 않지만, 묵묵히 책임을 다한다. 조직이 제시하는 방법보다는, 자신의 경험과 지식으로 판단한 방법을 더 신뢰한다. 두 방법이 서로 다를 때는 열정이 떨어지기도 한다. 그래도 결코 조직을 버리지 않고 따른다.

Ⓓ 콧방울이 작고 눈썹이 짧은 사람 **내 몸값은 싸지 않다**

자기 자신만을 믿는데, 자제력도 부족하다. 조직과 본인의 목적이 일치할 때는 몸을 사리지 않고 헌신한다. 하지만 반대의 경우에는 불평분자다. 종종 내부고발자가 되기도 한다. 선악의 기준이 본인이기 때문에 독선적인데, 그 기준에 따라 실제 선악이 갈라진다. 타인의 실수나 잘못을 용납하지 않지만, 본인한텐 관대한 편이다.

헨리 키신저
Henry Kissinger, 1923-2023

비난과 찬사를 동시에 받는
미국 외교의 냉철한 해결사

높은 자제력 × 부하가 많음
큰 콧방울·긴 눈썹

'영원한 적도, 영원한 친구도 없다.' 키신저를 설명해야 할 때 사람들이 흔히 떠올리는 말이다. 대립이 일상이었고, 도처에 분쟁의 위기가 도사리고 있던 냉전 시기, 키신저는 말 그대로 '미국의 해결사'였다. 그러나 키신저의 업적에는 다소 평가가 엇갈린다.

비난은 주로 도덕적인 면의 비난이다. 그는 선악 판단의 기준이 오직 미국이었다. 미국을 지지하기만 하면 독재자라도 옹호했다. 그는 아옌데를 무너뜨린 피노체트의 군사쿠데타를 지원했고, 아르헨티나의 군사쿠데타도 묵인했다. 그리고 그 뒤에 일어난 학살도 묵인하거나 조장했다.

키신저는 흔히 '미치광이 전술'이라 불리는 외교 전략의 창시자다. 그 자신도 이를 제법 자주 써먹었다. 주로 활용하는 건 핵무기였다. 상대방으로 하여금 '나는 언제든지 핵무기를 쏠 수 있는 미친 사람이다'는 인상을 주어 협상이나 국면을 유리하게 이끄는 일종의 허세 전략이다. 이런 전략은 발을 뺄 시기를 가늠하기 어렵다. 상대방의 상황과 그 외 다른 요소들을 그야말로 실시간으로 정밀하게 관찰하지 않으면 역효과가 날 수도, 심지어 전쟁이 일어날 수도 있다. 키신저에게는 매번 성공을 거둔 효과적인 전략이었지만, 주변 사람에게는 과로와 긴장 상황의 예약이나 다름없었다.

19 입의 크기와 입술 두께

입이 큰 사람은 역경을 만나도 웃으며 넘길 수 있고, 입이 작은 사람은 역경을 만나면 왜 그렇게 되었는지 꼼꼼하게 분석한다. 입술이 두터운 사람은 정이 있고 의리를 중시하며, 입술이 얇은 사람은 지식이 깊어 논리를 중시한다. 입술이 두터운 사람은 인간적인 신뢰를 받고, 얇은 사람은 판단력에서 신뢰를 받는다. 입이 큰 사람은 관용적이며, 작은 사람은 공정하다. 조직 안에서, 이 차이는 무척 중요한 요소가 된다.

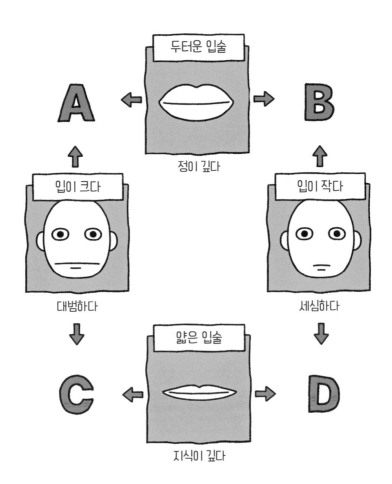

🅐 입이 크고 입술이 두터운 사람 발밑을 보지 않는 휴머니즘

세세한 일에 매이지 않고, 어지간한 일은 웃어넘긴다. 고난이 찾아와도 무너지지 않는 긍정의 화신. 어렵고 힘든 일도 '모두와 함께라면 이겨 낼 수 있다'는 시고방식을 갖고 있다. 정이 깊어 주변 사람을 잘 챙겨준다. 단점이라면 뭐든 쉽게 믿어 사기를 잘 당하고, 스스럼이 없어 예의 없다는 말을 종종 듣는다.

🅑 입이 작고 입술이 두터운 사람 거미줄 같은 인맥 네트워크

잔정이 많고, 주변 사람을 세심하게 챙겨 준다. '어려운 일이 있어도 내게는 이를 해결해 줄 친구가 있어'라는 게 이들 행동의 기본 방침으로, 인맥 네트워크의 관리에 누구보다도 열심이다. 그러나 남들이 자신에게 싫은 소리를 할까 늘 근심한다.

Ⓒ 입이 크고 입술이 얇은 사람 논리가 소신을 부른다

이들은 배포가 크고, 동시에 무척 논리적이다. 위기에도 당황하는 법이 없고, 논리에 따라 스스로 결정을 내린다. 어떤 상황, 어떤 일이든 믿고 맡길 수 있는 믿음직한 인재. 이들이 의존하는 건 인맥이 아니라 자신의 판단인데, 때로 이게 지나쳐 갈등을 빚을 때도 많다.

Ⓓ 입이 작고 입술이 얇은 사람 지나치게 늦게 내는 신의 한수

논리를 따르지만, 세심함이 지나쳐 늘 심사숙고한다. 모두를 이성적으로 납득시킬 수 있는 의견을 내기 위해 검토를 거듭한 일도 다시 한번 검토한다. 즉, 좋은 의견을 내지만, 그 타이밍이 너무 늦다. 인간관계가 나쁘진 않지만, 지나치게 깔끔해 정이 없다는 말을 듣는 경우도 많다.

에릭 슈밋
Eric Schmidt, 1955-

대범·과감 × 소신·심사숙고
크고 얇은 입술

대학원생 두 명의 수업 과제에서 탄생한 구글은 아마존 창립자 제프 베이조스, 램 슈리람 등의 관심을 끌었지만, 탁월한 기술력에 비해 경영 능력에서는 신뢰받지 못했다. '혁신적이지만 언제 망할지 모르는 기업.' 이것이 구글에 대한 세간의 평가였다. 이런 상황에서 전격 발탁된 이가 바로 에릭 슈밋, 자바 Java를 개발한 기술자이자 노벨사의 전 CEO다.

그러나 처음 구글의 제안을 받았을 때 슈밋은 그리 내켜 하지 않았다고 한다. 그는 장고에 장고를 거듭했고, 구글의 창업자 둘을 모두 만나 본 이후에야 제안을 받아들일 결심을 한다. 하지만 신중한 슈밋과 자유로운 구글 개발자들과의 만남은 지타가 공인하는 구글 성공의 핵심이었다.

슈밋이 한 일 중에는 세간의 손가락질을 받을 만한 일도 많았다. 대표적인 것이 애플과 주도하여 맺은 이직 금지 협약이다. 인재를 독점하면서 MS의 인력을 빼 오기 위한 비도덕적인 처사였다. "죄를 안 지었으면 개인정보 보호에 신경 쓸 일 없다"는 문제가 있는 발언을 공식적인 자리에서 대놓고 말하기도 했다. 2013년에는 전격적으로 북한을 방문해 인터넷 사업 관련 논의를 했다. 조직에 도움이 된다면, 어쨌거나 그것은 사악한 것이 아니라는 슈밋의 철학이 반영된 행동들이었다.

20 입의 크기와 귀의 크기

귀 크기는 지식의 양이나 응용력을 설명하기도 하지만, 의사를 결정하는 태도의 척도로 해석하기도 한다. 입의 크기는 배포를 보여 주기도 하는데, 입 크기와 귀 크기를 종합해 볼 때는 귀 크기 위주로 판단하는 쪽이 유용하다.

예를 들어, 귀가 큰 사람은 타인의 의견을 고루 듣고 종합하지만, 귀가 크지 않은 사람에게 타인의 의견은 이미 어느 성도 결론을 지은 것에 대한 참고 자료일 뿐, 의사 결정에 큰 영향을 주진 않는다.

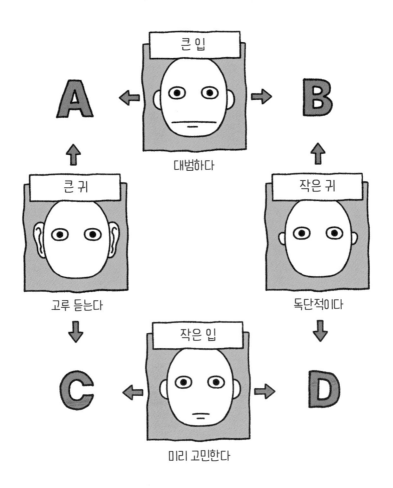

Ⓐ 입이 크고 귀도 큰 사람 모두의 의견이 다 소중해

누구의 말도 허투루 듣지 않으며, 그 모든 걸 고려해 조직의 방향을 결정한다. 만약 실패하더라도, 호탕하게 웃어넘기고 다음 일을 준비한다. 그 과정에서 남 탓을 하는 경우도 없다. 대범하고 유능한 지도자이며, 지지 세력의 의견이 아닌 '대의'를 근본으로 삼는다. 다만 실패했을 경우 지지를 잃어버리기 쉽고, 음해에도 잘 당한다.

Ⓑ 입이 크지만 귀는 작은 사람 가장 중요한 건 나의 의지

세간의 말에 흔들리지 않고, 자신의 의지에 따라 사업을 결정한다. 의견을 모으더라도, 그 전에 이미 결론을 정해 놓은 경우가 많다. 하지만 실패하더라도 웃어넘기고 다시 새로운 방법을 고민하며, 끝내 역경을 이겨 낸다. 의견을 주고받아야 하는 동업자로선 여러모로 답답할 수 있다.

ⓒ 입이 작지만 귀가 큰 사람 준비는 결코 배신하지 않는다

배포가 작아 뭔가에 도전하는 일이 적다. 다만, 한번 시작하면 좀체 실패하지 않는다. 심사숙고하고 나서 확신이 설 때만 행동하기 때문이다. 이런 사람에게 일을 맡기면, 답답해 보일지라도 반드시 성과를 보인다. 단점이라면, 본인 스스로 나서서 뭔가 시작하는 일이 좀체 없다.

ⓓ 입이 작고 귀도 작은 사람 검증된 방법만이 최선이다

이들은 정해진 방향을 바꾸려고 하면 화부터 낸다. 새로운 일을 시작하게 되면 수많은 이유를 대며 부정적으로 바라본다. 하지만 조직의 일관성, 기술의 전통을 지키는 이들 또한 바로 이런 사람들이다. 오랜 전통을 자랑하는 맛집, 시대를 뛰어넘는 명품 가게의 주인 중에 이런 유형이 많다.

버락 오바마
Barack Obama, 1961-

비난조차 유머로 넘겼던
미합중국 제44대 대통령

큰 배포 × 경청
큰 입·큰 귀

그의 취임 직후 미국의 상황은 두말할 것 없이 최악이었다. 임기 동안에도, 미국이 접한 상황은 역대 최악까지는 아니어도 최악이라 부르기에 손색이 없었다. 금융위기로 인한 대침체로 경제 상황은 최악이었고, 연이은 전쟁 수행으로 국방부 예산도 한계였다. 경제와 국방이 흔들리니 외교도 흔들렸다. 설상가상으로, 세계 곳곳에서 분쟁 위기가 수시로 발생하고 있었다. '미 역사상 가장 오랜 기간 전쟁을 수행한 대통령.' 오바마에 대한 『뉴욕타임스』의 평가였다.

오바마의 리더십과 성공에 대해 다룬 책은 많다. 그런데 그 대부분이 오바마가 주는 인간적 신뢰감과 그의 유능한 팀, 이 두 가지는 반드시 꼽는다. 그는 회의 때도 자기주장을 하기보다는 귀를 기울이는 쪽이었고, 연설 때도 어렵고 거창한 말보다는 이해하기 쉬운 말과 유머를 주로 썼다. 빈 라덴 사살 작전에서, 지휘관에게 상석을 내어주고 구석에서 조용히 응시하는 오바마의 사진은 『타임』지가 선정한 '역사상 가장 영향력 있는 사진' 중 한 장이 되있다. 재선 시기, 그는 출생에 관한 유언비어로 공격을 당한 적이 있었다. 그는 반박하는 대신 기자들을 모아놓고 '자신의 출생 비디오'를 보어줬다. 애니메이션 <라이온 킹>에서 주인공 심바가 탄생하는 장면이었다.

21 귀의 크기와 높이

관상에서 높낮이나 크기 구분은 종종 양극단을 의미할 때가 많다. 예를 들어 관상에서 '큰 귀'라고 하면 '누가 봐도 큰 귀'를 의미하지만 실제로 그 정도까지 귀가 큰 사람은 많지 않다. 그러니 실제로 관상을 볼 때도 그 점을 고려하는 것이 좋다. 귀의 높이의 경우에도, 눈썹보다 높이 솟은 경우가 높은 귀이지만 현실에서 그 정도로 높은 귀는 무척 드물다.

더 정확한 관상을 위해서라면, 평소에 여러 사람을 관찰하고, 자신만의 기준을 잡아가는 것도 좋을 것이다.

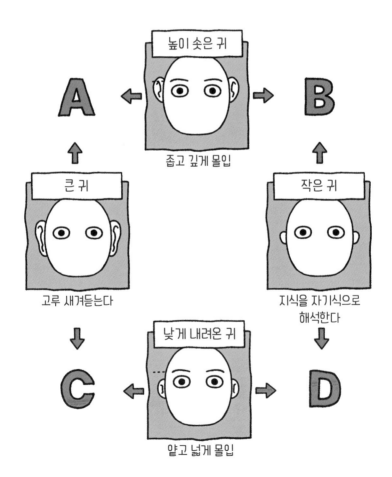

높이 솟은 귀

A ← → B

좁고 깊게 몰입

큰 귀

작은 귀

고루 새겨듣는다

지식을 자기식으로
해석한다

C ← 낮게 내려온 귀 → D

얕고 넓게 몰입

A 귀가 크고 높은 사람 한눈팔지 않는 지혜로움

배움에 게으름이 없고, 학문으로 크게 성공한다. 그러나 몰두하는 분야 외에는 극도로 서투른 경우가 많고, 여기에는 일상생활과 가정도 포함된다. 연구에 몰두해 끼니를 거르거나, 결혼식마저 잊어 먹고 집중하여 끝내 노벨상이나 필즈상 수상 같은 위대한 업적을 이뤄 낸다.

B 귀가 작고 높은 사람 타협하지 않는 현명함

지식을 자기식으로 해석해 깊게 몰입한다. 새로운 것을 만들어 내는 발명가, 사회를 개혁하는 정치가나 사회운동가에게 적합한 관상으로, 이게 부정적으로 풀리면 독재자까지 될 수 있다. 남의 말을 잘 듣지 않고, 듣는다 해도 왜곡해서 듣는다. 본인이 믿는 것만 믿는 편이다.

ⓒ 귀가 크고 낮은 사람 얄미울 만큼 뛰어난 워라밸

지식의 습득에 능하지만 생활과의 구분도 확실하다. 몰두하더라도 상습적으로 끼니를 거르는 정도까지는 어지간하면 가지 않는다. 비교적 학자가 되기 쉬운 유형으로, 배움이 빨라 조금만 노력해도 학문으로 성공한다. 학문을 택하지 않더라도, 이런 부류는 여러 분야의 지식이 많고 명석하다.

Ⓓ 귀가 작고 낮은 사람 평범함 속의 비범함

지식을 받아들이는 것도 적당하고, 집중하는 것도 평범하다. 즉, 보통 사람 중에서도 보통 사람. 이들이 성공하기 위해선 노력이 필요하다. 성공한 사람 중에도, 잘 보면 이 유형이 많다. 어떤 직업도 선택할 수 있지만, 순수 학문보다는 응용 계열이 적성에 맞다.

니콜라 테슬라
Nikola Tesla, 1856-1943

지식이 많음 × 두루 살핌
크고 낮은 귀

귀에서 테슬라의 관상을 읽기에는 어려운 점이 몇 있다. 크고 높이 솟은 귀처럼 보이지만 기울어져 붙은 느낌이고, 그렇게 보면 또 그리 크지 않고, 높이 솟지도 않은 것처럼도 보인다. 귀의 모습만큼이나 테슬라는 신비로운 사람이었다. 뛰어난 머리와 언변에 외모도 보통 이상이었다. 여러 언어에 능통한 언어의 천재에다 문학적인 소양도 탁월했다. 패션 감각도 뛰어났고, 매너 역시 좋아 사교계의 스타였다. 반면 평생 결혼도 연애도 하지 않았고, 개인적인 친분 역시 그리 많지 않았다고 전해진다. 그의 평생지기는 학문이었고, 사교 활동은 이를 위한 인맥 만들기였다는 혹평도 존재한다.

그의 발명품은 매우 많은데, 세간의 평가는 발명가보다는 과학자에 가깝다. 이른바 현대 전기 문명을 완성한 '과학자'다. 교류, 테슬라 코일, 라디오의 기초 이론, 형광등, 무선 조종 선박과 전자현미경, 속도계, 수력발전소, 레이더의 기초 이론 등등 그가 이룬 업적은 상당히 광범위하다. 그 외 상업성이 떨어져서 묻어 버린 발명도 수없이 많다. 그는 각종 기괴한 실험으로도 유명하다. 물리학에서는 아인슈타인에 대항하여 새로운 이론을 전개하기도 했다. 그런 면들이 그를 신비로운 사람, 기인으로 알려지게 만드는 데 한몫했음은 물론이다.

22 귀의 크기와 이마의 넓이

이마는 오묘하다. 머리를 깎은 모양에 따라 넓이가 달라 보이거나, 젊을 때는 좁았던 이마가 나이를 먹으면 넓어지기도 한다. 더욱 오묘한 것은 그에 따라 성격이 변하는 것처럼도 보인다는 것이다.

이마의 넓이는 눈에 보이는 귀의 크기에도 영향을 미친다. 슬프게도, 사람은 나이를 먹을수록 대체로 이마가 넓어진다. 그리고 그럴수록 귀 역시 작아 보인다. 그러니까 관상에 따르면, 사람은 나이를 먹을수록 지식은 가려듣지만, 좁았던 시야는 넓어진다. 오묘한 일이 아닐 수 없다.

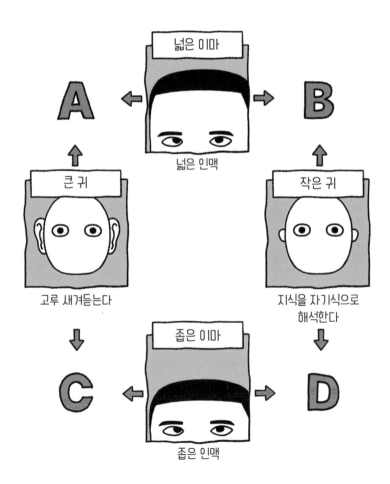

Ⓐ 귀가 크고 이마가 넓은 사람 꼭 얼굴 덕분은 아니지만

흔히 생각하는 '사람 좋은 인상'. 사업가, 특히 자선사업가 중에 이 유형이 많다. 무슨 일을 하든 그 분야에서 성공하고, 인기를 끈다. 지식이 많고 사교적이라, 좋은 아이템을 발굴하고 그걸 세니토 팔 줄도 안다. 종교인이 되어도 좋고, 학문을 한다면 강의로도 인기를 끈다.

Ⓑ 귀가 작고 이마가 넓은 사람 세상을 바꾸고, 사람도 바꾸고

대체로 꾀가 많고 영리하다. 응용력이 뛰어나서, 아이디어를 무기로 삼는 사업가형이다. 자신만의 방식으로, 세상을 넓게 두루 본다. 그리고 꼭 필요한 이들을 찾아서 근처에 둔다. 단점이라면 독선적이 되기 쉽고, 필요한 사람조차 뜻이 맞지 않으면 수시로 내치는 문제적 인물이 될 가능성이 높다.

ⓒ 귀가 크고 이마가 좁은 사람 물속에 숨은 용

지식이 많지만, 인맥이 좁아 많은 사람의 눈에 띄기 쉽지 않다. 그래도 필요한 인물은 대체로 곁에 있다. 과학을 탐구하는 과학자보다는 이를 적용하는 공학자에 가깝다. 능숙한 기술자면서, 프로젝트를 이끄는 능력도 있다. 마음 맞는 사업가와 동업하는 것도 좋지만, 자칫 잘못했다간 호구 잡힐 수 있다.

ⓓ 귀가 작고 이마가 좁은 사람 도자기 몇 개까지 깨 봤어?

자기만의 독특한 지식이 있지만, 이 부류도 인맥이 좁아 많은 사람의 눈에 띄지 않는다. 꼭 필요한 사람만 곁에 둔다. 기술자라기보다는 고집 센 장인이나 발명가에 가깝다. 제자를 강하게 키우고, 고집도 세지만, 기술만큼은 훌륭해 아는 사람만 찾는 장인을 떠올리면 된다.

로버트 오펜하이머
Robert Oppenheimer, 1904~1967

다방면에 뛰어났던
원자폭탄의 아버지

영리함 × 사교적
큰 귀·넓은 이마

그는 '다재다능한 인기인'이었다. 다방면에 걸쳐 관심이 많았고, 어느 분야에 가든 사람들의 시선을 한 몸에 모았다. 외국어에 능통해서 고작 일주일 익힌 네덜란드어로 강의까지 할 수 있을 정도였고, 그리스 고전도 원서로 읽을 수 있었다. 산스크리트어 경전을 영어로 번역하기도 했다. 정신분석학에도 발을 들여놓았으며, 문학에서는 수준 높은 에세이와 시를 창작했다. 동료들은 그가 물리학에만 집중했다면 더 많은 업적을 냈을지도 모른다며 아쉬워했다.

그가 진정 뛰어난 분야는 다른 이들의 잠재력을 끌어내는 능력이었다. 1969년 노벨 물리학상을 받은 머리 겔만은 그에 대해 "모두를 통찰로 이끄는 능력이 탁월했다"고 평가했다. 많은 수의 과학자가 오펜하이머가 던져 놓은 화두로 연구를 이어갔고, 연구가 막힐 때마다 오펜하이머의 주노로 새로운 길을 찾아갔다. 그리고 그 중 몇몇은 노벨상 수상자가 되었다.

버클리 대학 부교수 시절, 학교에서의 오펜하이머는 어디로 보나 인기인이었다. 학생들은 그의 강의를 두 번, 세 번, 네 번까지 연속해서 수강했고, 그가 입고 다니는 옷, 그의 말투, 심지어는 그가 피워대는 담배까지 학생들의 모방 대상이었다. 그는 인간적으로든 학문적으로든 좋은 친구이자 멘토였다.

23 귀의 높이와 눈썹의 높이

인간은 혼자 살 수 없어 무리를 짓는다. 그리고 살아 있는 동안 지식을 흡수한다. 지식과 사회는 인간을 설명하는 중요한 요소다. 한편 이 두 요소는 우리가살며 이루는 성취를 요약해 주기도 한다. 얼마나 많은 것을 알고 얼마나 중요한 무리에 속했는가? 그리고 그 무리 속에서 어떠한 입장을 취하는가?
어떤 이는 무리의 주장을 우선시하며, 어떤 이는 자신의 주장을 더 우선시한다. 여기서 보여 주는 게 바로 그런 것들이다.

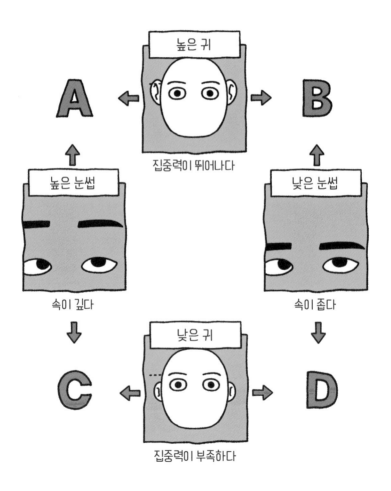

🅐 귀가 높고 눈썹도 높은 사람 지칠 줄 모르는 지식욕

탐구심이 뛰어나고, 회의 때도 편 가르는 것 없이 자유롭게 의견을 주고받는다. 지식이 중요할 뿐, 파벌은 중요하지 않다. 이상적인 과학자 유형으로 현실에서 보기 힘든 유형이라고 할 수 있다. 일단, 높은 귀 자체가 쉽게 볼 수 있는 관상이 아닌데, 거기에 눈썹까지 높아야 하기 때문이다.

🅑 귀가 높고 눈썹이 낮은 사람 내 지식은 나의 자부심

높은 탐구심으로 다양한 지식을 가지고 있다. 다만, 회의에서는 내 의견에 대한 자존심이 강해, '내 의견에 찬성하는' 사람만 좋아하고, 반대를 싫어한다. 이 유형은 편 가르기를 좋아해서 종종 학파를 이룬다. 지식의 탐구자인 A유형보다 정치적이며, 비교적 흔한 유형이다.

⒞ 귀가 낮고 눈썹이 높은 사람 존경을 부르는 성실함

배움에 노력이 필요하며, 편 가르기를 하지 않고 고루 잘 대한다. 바르고 좋은 사람이라는 평을 받지만, 확실한 '내 편'이 없기 때문에 다른 사람에 비해 출셋길이 험난한 편이다. 하지만, 만약 이 유형이 높은 자리에 오르게 된다면, 이는 모두에게 존경받는 사람이라는 뜻이다.

⒟ 귀가 낮고 눈썹도 낮은 사람 모이고, 애쓰면, 성공한다

배움에 노력이 필요하며, 편 가르기를 통해 내 편을 얻으려 한다. 얼핏 들으면 나쁜 것 같지만, 이쪽은 다수의 사람, 평범한 사람이 속한 유형이다. 적당히 알고, 적당히 내 편을 만들고 산다. 만약 눈썹이 극단적으로 낮을 경우에는 '나만 다 알아'라는 사고방식의 독재자다.

스티브 잡스
Steve Jobs, 1955-2011

집중 × 편협
높은 귀·낮은 눈썹

사람들의 평에 의하면, 그는 그리 좋은 상사도, 좋은 CEO도 아니었다고 한다. 워즈니악과의 일화를 보면, 그리 좋은 친구도 아니었을지 모른다. 직원이 본 그는 모호한 지시를 하는 상사였고, 그러면서도 결과가 자기 뜻과 다르면 불같이 화를 냈다. 성과가 날 때까지 밤이고 낮이고 일을 시켰고, 심지어 팀을 나누어 그걸 경쟁시키기도 했다. 성과가 안 나오면 예고도 없이 해고하기도 해서 사내에서는 '스티브 당하다 be steved'라는 신조어가 만들어지기도 했다. 그는 맘에 드는 사람의 말은 제법 잘 들어줬지만, 그렇지 않은 사람이 하는 말은 아예 듣는 것조차 싫어했다.

그러나 논란은 있을지언정 잡스는 성공한 경영자다. 그는 사람을 보는 안목이 뛰어났고, 그만큼이나 트렌드를 보는 안목도 빼어났다. 사업적인 면에서 보면 단순, 편리, 세련이라는 기본 철학을 절대 바꾸지 않고 고수했다. 여담이지만, 복장도 그랬다. 그는 청바지, 검은 터틀넥, 회색 운동화라는 같은 복장을 계속해서 입고 다녔다. '늘 갈망하고, 우직하게 나아가라', '타인의 삶을 시느리 샘을 허비하지 마라'. 이 두 문장은 이기적인 고집쟁이였지만 혁신가, 선구자이기도 했던 그의 생을 명료하게 압축하여 보여 순나.

24 귀의 높이와 이마의 넓이

귀가 높은 이들은 초인적인 집중력으로 어느 분야에서건 크게 성공한다. 그러나 높은 귀 자체가 워낙에 드물다. 역사에 남은 위인도, 귀 높이를 보면 낮은 쪽인 경우가 많다. 이들은 태생보다는 노력으로 집중력을 습득한 사람들이다. 그러니 귀가 높지 않다고 절망하지 말자. 귀가 낮은 이들도 입시든 고시든 박사학위든 열심히만 하면 성공한다. 그리고 이마의 넓이가 말해 주는 건 성공의 방향성이다. 이 둘을 함께 보면, 내가 평생 갖고 가야 할 직업이 어떤 것일지 대략적이나마 짐작할 수 있다.

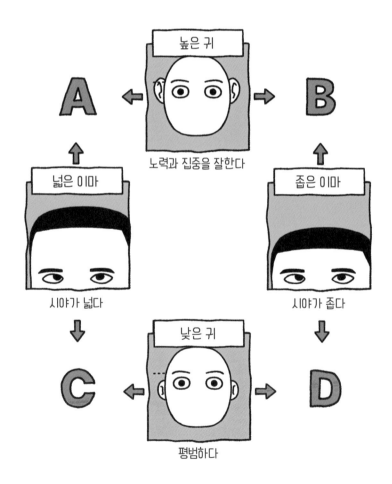

Ⓐ 귀가 높고 이마가 넓은 사람 모두가 찬양하는

기술을 개발해 회사를 설립하는 쪽이다. 한 분야에 일가를 이루고, 사교성도
뛰어나기에 자연스레 무리를 이룰 수 있다. 카리스마형 사업가로, 만약 학계
에 몰두한다면 학파를 이룰 수 있고, 종교에 투신한다면 새로운 종교의 교주
가 될 수 있다. 역으로, 사기꾼이나 사이비 종교인도 많다.

Ⓑ 귀가 높고 이마가 좁은 사람 뭉쳐야 살고, 섞여야 성공한다

이들은 개발과 개선 프로젝트의 천재들이다. 뜻이 맞는 사람끼리 모여 신기술
을 개발해낸다. 극도의 전문성으로 뭉쳤기에 기술 면에서는 놀라운 성과를 거
둘 수 있으나, 그것으로 사업을 일구는 역량은 부족하다. 그러니 이마 넓은 사
람이 무리에 한 명쯤은 섞여 있는 것이 좋다.

ⓒ 귀가 낮고 이마가 넓은 사람 넉 냥으로 천 근을 움직이는 자

직접 나서서 무언가 개발할 만큼의 전문성은 없다. 하지만 좋은 아이템을 찾아 발굴할 안목이 있고, 이를 활용할 아이디어와 사교성도 풍부하다. 두 번째 유형인 귀가 높고 이마가 좁은 사람들과의 시너지가 무서울 정도로 높다. 두 유형의 장단점이 상대방의 장단점을 깎아 먹는 대신 오히려 보완하기 때문이다.

Ⓓ 귀가 낮고 이마가 좁은 사람 존경받아 마땅한

지식으로 성공하려면 죽을 만큼 공부해야 하고, 사업으로 성공하려면 인간관계에 공을 들여야 한다. 뭐 이런 불공평한 유형이 다 있나 싶겠지만 실제로 성공한 이들 가운데는 이 유형이 유난히 많다. 노력만으로 성공하기 어려운 세상이다. 하지만 노력도 없이 성공하는 사람은 아무도 존경해 주지 않는다.

찰리 채플린
Sir Charlie Chaplin, 1889-1977

시대의 아이콘이 된
다재다능한 희극인

집중·노력 × 사교적
높은 귀·넓은 이마

찰리는 어릴 때부터 연기에 재능을 보인 영재형이었다. 집시 출신에 빈민가 출생으로, 가난할지언정 부모 모두 연예인이었고, 찰리 역시 어린 시절부터 극단에서 연기를 했다. 아이러니하게 희극 배우로서 그의 앞길을 가장 강하게 막았던 건 '너무 멀쩡하게 생긴 그의 외모'였다. 이에 채플린은 주변에서 빌린 소품들로 그의 트레이드마크인 우스꽝스러운 떠돌이 캐릭터를 만들어 낸다.

배우로 인기를 얻은 채플린은 영화감독의 길도 걷기 시작한다. 그의 전략은 이랬다. 관객이 감정 이입할 수 있게 서민층을 주인공으로 내세울 것. 그리고 이들이 상류층 인사를 골탕 먹이는 장면을 집어넣을 것. 재촬영과 피드백을 통해 영상의 완성도를 끌어올릴 것. 전략은 제대로 먹혀들어서, 그는 일약 시대의 아이콘으로 등극한다.

한편 채플린은 그의 인기만큼이나 다양한 인맥, 그리고 여자관계로도 유명하다. 아인슈타인 같은 과학자나 윈스턴 처칠, 마하트마 간디, 피카소 같은 유명인은 물론 라이벌 격인 배우들과도 사이가 좋았다. 그는 네 번의 결혼을 했고, 그보다 더 많은 스캔들을 일으켰다. 그리고 공식적으로만 열한 명의 자녀를 남겼다.

25 눈썹의 길이와 높이

눈썹은 교우관계와 연관이 깊다. 눈썹이 긴 사람은 '우리'를 중요시한다. 친분과는 별개로, 이들은 사람들 속에서 얻어 낼 수 있는 무언가가 분명히 있다고 생각한다. 반면 눈썹이 짧은 사람은 '나'를 더 중시한다. 이들은 사회가 아닌 자신의 의지를 무엇보다 중요하게 생각하는 경향이 있다.

한편 눈썹의 높이는 교우관계를 보는 시선과 관련이 깊다. 높을수록 더 먼 곳에서 바라보며, 객관적으로 현실을 판단한다.

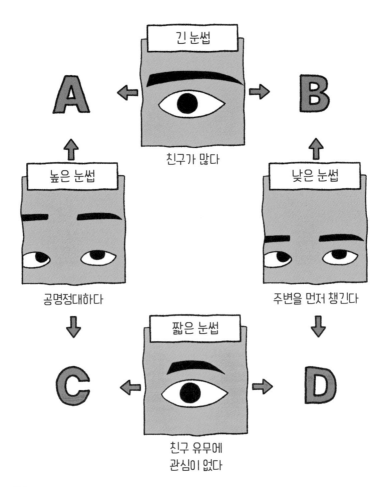

긴 눈썹

A ← → B

친구가 많다

높은 눈썹

공명정대하다

낮은 눈썹

주변을 먼저 챙긴다

짧은 눈썹

C ← → D

친구 유무에
관심이 없다

A 눈썹이 길고 높은 사람 가까이하기엔 너무 고결한

공평무사의 화신. 이득과 관계 없이, 사람을 대할 때 공정하다. 그래서 알고 지내는 사람은 많지만, 마음을 터놓는 친구는 적다. 이들의 교우관계는 정보원이기니, 도와야 할 사람, 아니면 일과 관련된 동료다. 조직 내 친분도 대부분 의무감으로 맺어진 공적인 관계. 분명 좋은 사람이지만, 가까이하기엔 왠지 너무 고결한 사람.

B 눈썹이 길고 낮은 사람 사심이 너무 많은 헌신

공평하지만 무사하지는 않다. 뜻이 맞는 사람끼리 모여 무언가 해내는 데 익숙하다. 많이 모일수록 더욱 기꺼워한다. 이른바 사랑의 봉사단. 실제로 봉사활동을 하는 사람, 독실한 종교인 중에 자주 보인다. 그러나 모임의 뜻이 판단의 최우선이라, 뜻이 다른 사람의 말을 잘 받아들이지 못한다.

Ⓒ 눈썹이 짧고 높은 사람 불의를 용납하지 않는 고고함

홀로 고고한 정의의 사자, 고독한 히어로다. '어렵고 힘든 일, 내가 아니면 누가 하랴!'라는 사고방식의 소유자. 무리를 이루려고도 하지 않고, 가까이 다가서기에도 어려운 분위기를 풍긴다. 지나치게 강직한 면 때문에, 모두의 적이 되는 경우도 종종 있다.

Ⓓ 눈썹이 짧고 낮은 사람 소유욕 넘치는 따뜻함

타인에게는 쌀쌀맞지만, 주변 이들에게는 굉장히 친절하고 신경을 써 준다. 홀로 몰래 사람을 돕는 경우가 많은데, 그 대상이 가까운 사람 정도로 매우 좁다. 극단적인 경우에는 내 사람만 챙기는 극도의 이기주의자, 혹은 겉과 속이 다른 위선자가 된다. 여담이지만 소유욕과 질투심이 좀 강한 편.

우드로 윌슨
Woodrow Wilson, 1856-1924

친구가 많음 × 정파적
길고 낮은 눈썹

미국의 제28대 대통령인 우드로 윌슨은 우리나라와도 제법 많은 관련을 맺은 인물이다. 아마 대중에게는 '민족자결주의'의 주창자로 가장 유명할 것이다. 프린스턴 대학교 총장으로 재직하던 시기, 한국의 초대 대통령이 될 이승만에게 한국인 최초의 미국 박사 학위를 준 사람도 바로 윌슨이었다.

미국 내에서 그에 대한 평가는 다소 엇갈린다. 그는 자타공인 진보주의자였지만, 동시에 인종차별주의자이기도 했다. 공평함을 가장했지만, 그것은 미국인과 백인에게만 적용되는 것이었다. 그는 정권에 따라 공직자가 임명되는 엽관주의를 비판하며 행정학이라는 학문을 태동시켰다. 대통령이 된 뒤에는 독점기업을 규제했고, 주 40시간제를 입법화했다. 상원의원을 직선제로 바꾸었고, 임기 말에는 여성참정권을 보상하도록 헌법에 명시켰다. 반면 책까지 써가며 노예제를 옹호하기도 했고, 공무원 승진에서는 흑인들을 제외시켰다.

그는 미 역사상 전무후무한 직무 대행 사건으로 유명하다. 1919년 유세 중 뇌졸중으로 쓰러지자, 부인인 이디스 윌슨은 남편의 병세를 숨기고 자신이 비밀리에 대통령직을 대행했다. 우드로 윌슨에게 '친구'는 많아도 '심복'은 적었고, 부인 말고는 속을 털어놓는 사람이 달리 없었다.

26 눈썹의 높이와 이마의 넓이

이마 넓이와 눈썹 높이 모두 시야, 특히 사람을 보는 시야와 관련이 있다. 좀 더 세부적으로 따지자면, 이마의 넓이는 사교성을, 눈썹 높이는 타인과의 관계성을 보여 준다.

관상에서 말하는 사교성은 교우 관계의 폭이다. 넓을수록 사람을 두루 사귀며, 좁을 때는 '꼭 필요한 사람'만을 집중적으로 사귄다. 그리고 타인과의 관계성은 남을 대하는 태도다. 눈썹이 높다면 사람들을 대할 때 좀 더 공평하지만, 낮을 경우에는 '내 사람'을 좀 더 중요시한다.

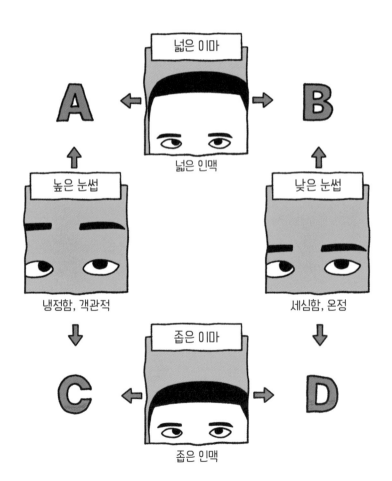

A 눈썹이 높고 이마도 넓은 사람 지나치게 고고한

이마의 넓이가 나타내는 사교성은 사고의 폭과도 대체로 비례한다. 즉 이마가 넓은 이는 형식에 얽매이지 않고 자유로이 아이디어를 낸다. 여기에 높은 눈썹의 특성 덕에 회의 때도 인맥을 고려하지 않는다. 단점이라면, 누구에게든 이상적으로 보이는 사이라서 오히려 가까운 친분이 잘 쌓이지 않는다.

B 눈썹이 낮고 이마가 넓은 사람 너무나 인간적인

이 유형의 행동은 얼핏 보면 A유형과 유사하지만, 결정적인 차이가 하나 있다. 이들은 회의 때 가까운 인맥의 의견을 더 잘 받아들이는 경향을 보인다. 그럼에도 스스로 이성적·객관적이라고 자부한다. 다소 독선적으로 보이지만 사실 우리들 대부분이 이렇다.

ⓒ 눈썹이 높고 이마가 좁은 사람 목표만이 나의 힘

인맥이 좁고, 다소 냉정한 편이다. 분명한 목적이 정해진 회의를 선호하며, 목적을 벗어났을 경우에는 제재한다. 그러나 자기와 반대되는 의견이라도, 논리적으로 틀린 것이 없으면 수용하는 편이다. 완고해 보이지만 실제로는 그렇지 않다는 점에서 놀람을 사는 경우가 많다. 전형적인 관료형.

Ⓓ 눈썹이 낮고 이마도 좁은 사람 오직 내 사람뿐

논리를 따르지만, 세심함이 지나쳐 늘 심사숙고한다. 모두를 이성적으로 납득시킬 수 있는 의견을 내기 위해 검토를 거듭한 일도 다시 한번 검토한다. 즉, 좋은 의견을 내지만, 그 타이밍이 너무 늦다. 인간관계가 나쁘진 않지만, 지나치게 깔끔해 정이 없다는 말을 듣는 경우도 많다.

존 F. 케네디
John F. Kennedy, 1917-1963

정파적 × 집중
낮은 눈썹·좁은 이마

양당제가 일상화된 미국에서 대통령이 정파적 특성을 드러내지 않기란 실로 어렵다. 요즘만큼은 아니지만, 예전에도 다른 정당 간의 화합은 쉽지 않은 일이었다. 중립을 지키지 않는다는 비난을 대통령이 듣는 것도 별다른 일이 아니었다.

그런 면에서 케네디는 다소 특이한 인물이다. 그는 미국 민주당 당원들이 떠올리는 '가장 민주당다운 대통령'이었으며, 실제로도 민주당의 가치를 가장 강렬하게 추진하고 증명했다.

그러면서도 진영과 무관하게 모두의 존경을 동시에 받았다. 이는 외교에서도 마찬가지였는데, 당시는 냉전 시대였다. 그는 베를린 위기와 쿠바 사태, 스푸트니크 쇼크 등 여러 번의 위기를 맞아 그때마다 미국의 입장을 강력하게 대변했다.

한편으로 그는 미국의 대통령들 가운데 다소 이질적이기도 했다. 지금까지도 단 둘뿐인 천주교 신자 대통령(다른 한 명은 조 바이든)이며, 아일랜드계였다. 그러나 이민자 출신으로 자수성가한 집안에, 신체적 장애를 무릅쓰고 이룬 제2차 세계대전의 공훈, 린든 B. 존슨에 맞선 대통령 경선 과정의 화려한 드라마와 갑작스러운 죽음까지, 이 모든 것은 그를 아메리칸드림의 상징으로 만들었다.

27 턱의 각짐과 이마의 넓이

융통성의 크기와 시야의 넓이, 그리고 인맥의 폭은 사업이나 직업의 선택에 큰 영향을 주는 요소들이다. 턱과 이마의 조합은 바로 이 요소들을 보여 준다. 예를 들어 인맥이 많고 시야도 넓지만 완고한 사람들이 있고, 인맥이 많고 시야도 넓지만 원만한 사람이 있다. 만약 같은 직업을 가졌더라도, 이 둘의 행동 양식은 극과 극으로 다르다. 전자는 인맥을 활용해 목적을 이루고, 후자는 인맥과 어울려 사업을 키운다.

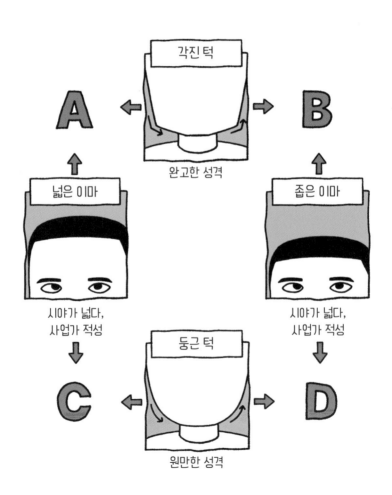

각진 턱

완고한 성격

넓은 이마

좁은 이마

시야가 넓다,
사업가 적성

시야가 넓다,
사업가 적성

둥근 턱

원만한 성격

🅐 턱이 각지고 이마가 넓은 사람 친구는 적지만 정보통은 많은

완고하지만 넓게 본다. 예민하고, 시시비비를 자주 따지지만, 의외로 인맥이 넓다. 시야가 넓기 때문에 사업에 적성이 있긴 하지만, 완고함 탓에 인맥을 사교적으로 활용하지는 못한다. 그보다는 강직한 면과 넓은 시야를 살리고, 다양한 정보원을 통해 이를 보완할 수 있는 경찰, 수사관, 형사가 더 어울린다.

🅑 턱이 각지고 이마가 좁은 사람 절대 한눈팔지 않는다

완고하고, 한 분야에 몰두한다. 새로운 것을 받아들이는 데 지극히 깐깐하지만, 가진 것을 발전시키는 데는 더없이 진지하다. 즉, 한눈팔지 않고 한 우물을 판다. 전통을 고수하는 완고한 장인이다. 이들이 상품을 만들면, 투박하지만 오래가는 명품을 만들어 낸다.

C 턱이 둥글고 이마가 넓은 사람 사업은 나의 천직

원만하고 넓게 본다. 대인관계도 좋고, 사소한 일은 넘겨 버리는 대범함이 있다. 그리고 사교적이다. 놀라운 시각으로 획기적인 상품을 만들어 낸 뒤, 적재적소의 인맥 활용과 조직 구성, 기발한 마케팅을 줄줄이 쏟아 내어 성공시킨다. 추진력과 아이디어, 용인술을 모두 갖춘 타고난 사업가다.

D 턱이 둥글고 이마가 좁은 사람 기술은 나의 무기

원만한 성격에 비해 시야가 좁다. 다양한 분야의 기술을 배우지는 못하지만, 대신 한 분야에 대한 전문성이 탁월하다. 사교성이 뛰어나지는 않지만, 원만한 인품 덕에 필요한 사람은 대체로 주변에 있다. 소수의 인원을 모아 신기술을 만들고, 이를 바탕으로 사업을 하면 성공한다.

안창호

1878-1938

완고하지만, 멀리 본
우리 민족의 선각자

완고함 × 통찰·사교적
각진 턱·넓은 이마

임시정부 초기, 이승만에게 전보 한 통이 도착했다. '임시정부의 국무총리인 당신이 대통령이라는 직함을 공공연히 쓰는 것은 옳지 않다'는 내용이었다. 전보를 보낸 이는 안창호였다. 안창호의 생을 살펴보면, 다른 이들과 대립했던 장면이 유난히 자주 눈에 띈다. 이승만과의 불화가 유명하지만, 김구와도 자주 대립했다. 전쟁을 주장하는 강경론자들과의 사이도 좋지 않았지만, 그자신도 온건할지언정 전쟁론자였다. 폭력적 투쟁을 반대한 일화가 많이 알려졌지만 직접 손을 걷어붙이고 진행했던 의거도 적지 않았다. 사실 그는 원칙과 대의를 중요시하여, 이에 걸맞지 않으면 뭐든 옳지 않은 일이라 여겼다. 그가 진정 따른 것은 파벌이 아닌 이성이었던 셈이다.

많은 사람과 다투었던 그이지만 안창호의 주변에는 늘 사람이 몰려들었다. 농부의 삼남으로 태어나 뒤늦게 미국에 유학하러 갔지만, 어느새 한인 단체의 지도자가 되어 있었다. 샌프란시스코에서는 흥사단을 재창설했다. 귀국하여 은거할 때도, 그를 찾는 청년들은 끊이지 않았다.

임시정부 시기, 내무원령 제1호로 연통제가 시행된다. 한반도 전체를 아우르는 대한민국 임시정부의 비밀 행정조직망으로, 임시가 아닌 실질적 통치를 지향했다. 내무 총장인 안창호의 작품이었다.

관상봐줄까?

1판 1쇄 2024년 8월 1일

지은이 | Team. StoryG

펴낸곳 | OLD STAIRS
등록번호 | 제313-2010-284호
등록일자 | 2008년 1월 10일
이메일 | oldstairs@daum.net
홈페이지 | www.mrsun.com

ISBN 979-11-7079-028-0 03180